# 圆 圈

作为
自由前提的信念

THE FAITH AS PREMISE
OF FREEDOM

# 正 义

罗 翔 / 著

做法治之光

罗翔

中国法制出版社
CHINA LEGAL PUBLISHING HOUSE

# 代序：法律人的热点写作

每当一个热点事件发生，就会有许多的文字趁热跟进，人们把这称之为"热点写作"。

对于这种行为，有两种最常见的指责：一是沽名钓誉，博人眼球；二是消费他人，如秃鹫食腐肉令人恶心。

第一种指责很容易驳斥。柏拉图在《理想国》中就告诉人们，正义不仅本身值得追求，其结果也往往合乎欲求。一种正当的技艺不仅有其独特的追求，也能带来附随的好处。正如医生要追求医术高明、妙手回春，而这种追求同时也会带来良好的声誉与可观的收入，这没有什么不道德。但如果医生只是追名逐利，为了名利可以放弃医疗职业本身的追求，那么医生也就不再是医生，他放弃了医术这种特定的技艺。柏拉图以此来论证从政为官也是一种独特的技艺，做官不能只是为了追逐自己的利益，否则就不再是一种技艺。

写作也是一种技艺，它既有技艺本身的追求，也能带来附随的名利。但如果写作只是为了名利，那么写作也就不再是写作。人们常说"但行好事，莫问前程"，通常的情况是，为了好事去努力，也就有可能得到所附随的前程。但如果"只为前程，无所谓好事"，很可能既无好事，又无前程。

《纳尼亚传奇》的作者刘易斯也提醒我们，行为有自然结果和非自然结果，追逐自然结果非常道德，而如果追逐的是非自然结果，那就非常的不道德。因为爱情所以想要结婚，这非常道德，因为结婚是爱情的自然结果。但如果因为对方有钱，所以想要结婚，这就不道德，因为金钱并非爱情的自然结果。

很少听说，以结婚为目的的爱情不道德，反而经常听说不以结婚为目的的谈恋爱都是耍流氓。那些主张只为了爱情本身而爱情的人士大多数可能是在放纵自己的私欲。

因此，写作带来名声，没有什么不道德，但名声只是写作的附随结果，而非自然结果，不能为了名声而去写作，否则不仅不道德，也使得写作不再成为一种独特的技艺。

我常常劝有文字特长的同事朋友多多写作，向民众传播法治观念，但经常得到的回复是：这有什么好处，算核心期刊吗？算科研成果吗？有朋友直言不讳地告诫我：别浪费时间写这些东西，多写"核心""权威"才是正道，否则一辈子都只是不入流的外围学者。我其实想劝这些朋友看看柏拉图，但估计他们太忙了，没有时间去看。

对于第二种指责，倒要被严肃地对待。趁热点写作经常被论断为吃人血馒头，是对他人的剥削。一段时间内有数位名人辞世，朋友圈铺天盖地各种文章，养生的、治病的、推销的，这很容易被解读为利用他人的不幸来谋取自己的利益。

一个著名的事件是"饥饿的苏丹"（The Starving Sudan），这是一张震撼世界的照片。一个苏丹女童，即将饿毙跪倒在地，而兀鹰正在女孩后方不远处，虎视眈眈，等候猎食女孩。1993年，照片在《纽约时报》发表后引起了强烈反响，一方面，国际舆论密切关注苏丹的饥荒和内乱；另一方面，不少人谴责摄影师残忍，没有放下相机去救小女孩。照片的作者是凯文·卡特，他因这张照片获得普利策奖。获奖之后，卡特自杀。自杀前，他写了一张纸条："真的，真的对不起大家，生活的痛苦远远超过了欢乐的程度。"

很多人喜欢用康德的名言"人是目的，而不是手段"来谴责对他人的利用。但是，这种引用经常是一种以讹传讹的情绪化误读。康德的原话是："在这个目的秩序中，人就是自在的目的本身，亦即他永远不能被某个人单纯作为手段而不是在此同时自身又是目的，所以在我们人格中的人性对我们来说本身必定是神圣的……"①

可见，康德从来没有主张过人不能是他人的手段，他只

① 杨祖陶、邓晓芒编译：《康德三大批判精粹》，人民出版社2001年版，第380页。

是说人不能"单纯"作为手段。万事互为效力，任何人都可以既是他人的手段，又是自身的目的。如果人只是手段，这会走向毫不掩饰的极权主义。如果人只是目的，那也会走向过于放纵的个人主义。

因此，不能因为存在对他人的利用就认为这是不道德的，而要看这种利用是否已经变成剥削。

如何区分利用和剥削，这非常复杂，需要一部专著来详述，在此只能简单说明。大致说来，剥削是一种忽视他人尊严的不道德利用。在电影《象人》中，马戏团老板利用头部畸形的"象人"牟利就是一种典型的剥削。

该片取材于真实的医疗档案，讲述了英国维多利亚时代，医生特维拉在马戏团发现了脸部畸形症患者"象人"，他身体90%长满了纤维瘤，脸像大象，受尽他人侮辱嘲弄。医生将其带回医院研究治疗，但马戏团老板又将"象人"抢去，到各地巡回展出。"象人"后来被其他小丑搭救逃回英国，最终体会到作为人的尊严和温暖。

影片的高潮部分是"象人"逃回伦敦，希望能够重回医院，却在车站被人戏弄。人们摘掉了他头上的罩子，他在绝望中向围观的群众怒吼："我不是象人！我是一个人！我不是动物！我是一个人！"

一种利用是否属于剥削，可以从后果和动机两个方面进行判断。

从后果的角度，如果一种对他人不幸处境或人性弱点的利用，没有传递任何积极正面的道德价值，那它就属于不道德的剥削。这种剥削即便得到了被剥削者的同意，在道德上也值得谴责，严重的甚至可以犯罪论处。如组织卖淫行为，和强迫卖淫不同，在组织卖淫的情况下，卖淫者往往是自愿的，组织者利用了卖淫者经济上的不利地位或者道德上的缺陷。如果不考虑道德价值，组织卖淫这种行为对卖淫者、嫖客、组织者都是有利的，如果允许国家征税，甚至会造成"四方共赢"的局面。但这种利用行为没有任何积极正面道德价值，因此属于剥削，值得谴责，甚至可以犯罪论处。

但在"饥饿的苏丹"事件中，照片触动了民众的怜悯情感，让世界关注苏丹饥荒和内乱，传递了正面的道德信息，在结果层面上，很难说这属于剥削。类似的情况是教皇保罗二世被刺事件。1981年5月13日，保罗二世在罗马圣彼得广场为信徒们祈福，当教皇乘坐的敞篷汽车驶进人群时，混在人海里的阿里·阿格卡（Ali Ağca）突然向教皇开枪，教皇腹部受重伤。新闻摄影师恰好目睹此事，以一张生动的照片捕捉了这一场面，他将照片高价卖给了新闻机构。我们不能以剥削来指责摄影师，认为他利用了别人的不幸。摄影师的照片为全世界记录了一个重要的历史事件，具有重大新闻价值，为此获利无可厚非。

如果在结果层面上可以带来正面的价值，那么就要进入动机的判断。是不道德的剥削，还是合理的利用，这主要取决于利用者的动机。但是，无人会读心术，我们无法得知他人背后的隐情，无法洞察他人内心的动机。因此，动机的判断只能留待利用者本人进行自省，而无法作为他人评价利用者行为的依据。

在电影《象人》中，有人指责医生出于研究的目的治疗"象人"，浪费医疗资源，沽名钓誉，卑鄙可耻。医生不断地追问自己的内心"我真的只是在利用他吗？"医生的自省是高贵的，而他人的论断指责则是卑劣的。

我们很容易对他人的动机作出恶意的评价，严于律他、宽于律己是人之本性。批评他人可以让我们轻易地掩盖自己的道德丑陋，从容地逃避自己的道德责任。真正畸形的不是"象人"而是人心。

因此，每当想对他人的动机作出恶意的评价，我们要先有一个代入——去想一想在类似的情况下，我们的行为举止是否会比他人更高尚。

在万州公交车坠江事件中，很多人指责同车乘客没有起身制止互殴。但我不敢进行这种指责，因为我不知道自己在类似情况中有没有我想象中的那么勇敢，那么负有责任心。

理查德·巴克斯特说：我们时常妒忌比我们地位高的人，藐视地位不及我们的人；垂涎别人的名望、财富，或者傲慢、冷酷地看待别人的贫寒窘迫。看到外形姣好的人，则诱发我们的情欲；看见有残疾的人，就引发我们的鄙夷之心……我们自己才是自己最大的网罗。

我们永远没有自我想象中那么高尚。

所以，判断行为是否属于剥削，只有利用者本人可以进行动机上的自省，他人只能从后果上进行判断。

有朋友提醒我，从事文字写作要把自己看成一支铅笔。最重要的是知道自己为何写作，要知道铅笔在谁的手中。

对于铅笔而言，最重要的是笔芯，我们要保守自己的心甚于保守其他一切。良心是唯一不能从众之事。写作不是为权力的垂青，不是为获得群众的掌声，而是向自己的良心负责。

对于铅笔而言，字迹是可被擦去的。我们的观点可能有错，需要随时被纠正。

对于铅笔而言，它是有限的，有一天它会写到尽头。作者也许会发现自己所写的其实没有太大价值，我们要接受自己的有限性。

马丁·路德·金说：我们每个人都在修造圣殿。但无论你是谁，你的生命中都会有一场内心的斗争，每当你想行善，就有一种力量牵扯着你，让你做恶。就像斯蒂文森的小说《化身博士》里所写的，每个人内心都有一个恶的"海德先生"和一个善的"杰基尔博士"。人性充满了矛盾，每当我们有梦想，要建造自己的殿堂，就必须承认这一点。但是，动机的自省并没有赋予我们任意评价他人动机的权利。

并不是每一个人都擅长写作，写作的能力属于作者又不属于作者。如果写作只是成为作者谋取名利的工具，那么写作也就不再是一种独特的技艺，作者也就无法逃离虚无和虚荣的恶性循环。只有发现了自己的使命，我们才能超越这种循环。

如果法律人的热点写作能够促进法治理念的普及，这没有什么不正当，只是作者应当时常审查自己的内在动机，不要陷入自我的网罗。愿更多的法律人能够为法治的进步从事写作，用一个个微小的文字为法治助力。

# 目录
# Contents

# 圆圈正义

# 做一个勇敢的法律人

接了一个敏感的案件，去看守所会见当事人，向司法机关递交手续，阅读案卷材料，越来越坚信当事人不构成犯罪。

多年来，也参与过一些要案的办理，但是更多只是在幕后出主意、提建议，很少会亲自走上台前"冲锋陷阵"。我总是习惯告诉别人要勇敢，要做法治的先锋。但是，当有人竭力劝我接下这个案件时，我却百般推托。

我试图以各种理由来婉拒：时间紧张、经验不足、教学任务大、学术压力重。但我知道这一切都不是理由，我想逃离的唯一理由就是自己的胆怯。

不时有律师朋友来向我咨询案件。我可以轻而易举地挑出他们的毛病，觉得他们在专业上有很多问题没有搞懂，法律水平亟待提升。但是我心里知道，有一点他们远甚于我，那就是他们比我勇敢。

丘吉尔说："没有最终的成功，也没有致命的失败，最可贵的是继续前进的勇气。"

我一直想做一个勇敢的人，所以我一直在寻找勇敢的正当化根据。

**是道德主义吗？按照道德规则行事，做一个有德性的人，丝毫不考虑这个行为可能带来的后果。**这种想法总是让人心潮澎湃。就像康德所说的，道德本来就不教导我们如何使自己幸福，而是教导我们如何使自己无愧于幸福。

但是，每当我想这么去做的时候，我就觉得自己虚伪。我越是想做一个高尚的人，就越是觉得自己无比卑劣。我越是想摆脱自己的虚荣，就觉得自己更加的虚荣。"立志行善由得我，只是行不出来由不得我。"每当我攀登道德的高峰，总有一种强烈的力量让我下坠。以道德主义作为行事为人的根据，最大的痛苦就是在"知道"和"做到"之间存在一个天然的鸿沟。至少对我而言，是无法跨越的。我一直想做一个勇敢的人，但是我知道靠着我自己，我无法变得勇敢。因此，德行的初心可能走向德行的幻灭。

**是功利主义吗？根据行为的结果来决定是否行为。**人皆有趋利避害的本能。判断行为对错的最终标准是看行为能否增进人的幸福（快乐）。但是"幸福"这个词语本身是模糊的。边沁认为，幸福没有高下之分，口腹之欲和心智之养没有区别。如果人只根据自己的经验计算利害得失，不可避免地会走向庸俗。这种功利观一定会让人追求现实的快乐，追逐眼前的利益，在勇敢和懦弱之间，后者往往是最佳的选择。

但是穆勒却认为，幸福是有高下之分的。"做一个不满足的人，胜于做一只满足的猪；做不满足的苏格拉底，胜于做一个满足的傻瓜。如果那个傻瓜或猪有不同的看法，那是因为他们只知道自己那个方面的问题，而相比较的另一方即苏格拉底之类的人，则对双方的问题都很了解。"①

穆勒的说法比边沁的观点应该更加合理。如果你阅读过低俗小说和高雅书籍，虽然两者都能给你带来快乐，但是如果你要慎重地选择其中一本书送给子孙后代，估计大部分人会选择后者。大部分人还是希望自己以及后代做一个高尚的人，能够享受高级的快乐。

如果幸福没有高尚和庸俗之别，那么一切都会变得平庸，劣币终将驱逐良币。事实上，人类语言中存在"高尚"与"庸俗"这组反义词，本身就告诉我们人类追求的幸福是有高下之分的。

那么，如何区分高级和低级的快乐呢？穆勒告诉我们，越是能够体现人的尊严的快乐就是越高级的快乐。

然而，人为什么要有尊严呢？按照功利主义的逻辑，似

① ［英］约翰·穆勒：《功利主义》，徐大建译，上海世纪出版集团2008 年版，第 10 页。

乎是因为人有尊严可以带来社会福祉的增加。但是这种论证非常可疑。如果为了社会福利的增加，需要牺牲一部分人的尊严，那么这些人的尊严还需要保留吗？

在穆勒看来，人有尊严是不证自明的。"穆勒版"功利主义与"边沁版"功利主义的最大区别在于前者是超经验（超验）的，而后者则是经验的。如果人有尊严，那么一定存在一个永恒的概念。除掉永恒这个概念，人的尊严只是一种假设，可以随意抛弃，幸福也就不可能有真正的高下之分。

这就是为什么学术界把功利主义区分为现世功利主义和永恒功利主义，两者的区别在于是根据现世的经验还是根据"超经验的永恒福祉"来计算利害得失。因此帕斯卡尔说："我们全部的行为和思想都要随究竟有没有永恒的福祉可希望这件事为转移而采取如此之不同的途径，以至于除非是根据应该成为我们的最终目标的那种观点来调节我们的步伐，否则我们就不可能具有意义和判断而迈出任何一步。"①

看来，只有着眼于永恒的功利主义才能让我们不再根据眼前的利害得失作出选择，道德主义与功利主义会走向融合。越追求德行，越能体现人的尊严，获得更大的快乐。唯

---

① ［法］帕斯卡尔：《思想录》，何兆武译，商务印书馆2015年版，第101页。

此，勇气也才可能有坚实的基础。

我很喜欢英国保守主义大师詹姆斯·斯蒂芬在其名著《自由·平等·博爱》一书的结尾所说的：

我们立于大雪弥漫、浓雾障眼的山口，我们只能偶尔瞥见未必正确的路径。我们待在那儿不动，就会被冻死；若是误入歧途，就会摔得粉身碎骨。我们无法确知是否有一条正确的道路。我们该怎么做呢？"你们当刚强壮胆"，往最好处努力，不要说谎，我们要睁大双眼，昂起头颅，走好脚下的路，不管它通向何方。如果死神终结了一切，我们也拿它没办法。如果事情不是这样，那就以大丈夫气概坦然走进下一幕，无论它是什么样子，不要做巧舌之辩，也不要掩饰自己的真面目。①

唯愿你我法律诸君有这样的勇气，不悲伤、不犹豫、不彷徨。

今早雾霾蔽日，但是不要害怕，太阳依旧在云端。

---

① ［英］詹姆斯·斯蒂芬：《自由·平等·博爱》，冯克利、杨日鹏译，江西人民出版社 2016 年版，第 236 页。

# 在自恋中攀登仇恨的高峰

五仁月饼好吃还是蛋黄月饼好吃?

国产片好看还是美国片好看?

北大好还是清华棒?

在网络上,只要你放置两组看似对立的观点,人们很快就会"站队"。

一开始只是温和的断言:

"五仁月饼好。"

"我喜欢吃蛋黄月饼。"

……

但很快语言就会变得激烈,剑拔弩张,一言不合,立马"开撕"。

"当然是国产片好。"

"美国片比国产片好一百倍。"

"美狗才看好莱坞。"

"土鳖才看国产片。"

……

"北大好。"

"清华好。"

"北大的月亮都比清华圆。"

"呸！清华的学渣都比北大的学霸强。"

……

如果有人超然一点，很可能会受到两派共同的指责。

"没在清北读过书，别说话。"

"没人把你当哑巴，滚。"

人的本性喜好拉帮结派，甚至不惜"互拉仇恨"，其中的根源在于人的自恋。

当生命中缺乏一个终极的敬仰对象，人就不可避免地会把自己置于生命中最重要的地位，形成无法抑制的自恋。自恋让人总是自觉优越：或是出生的优越、种族的优越，或是智力的优越、知识的优越，或是财富的优越、阶层的优越，或是地域的优越、口音的优越，甚至是道德的优越、宗教的优越。正是这种自我的优越感使得人类冲突不断。无论是儒家的"华夷之辨"，清政府的"非我族类，其心必异"，本质上都是人类自恋的产物。

自恋让人很容易发现并放大他人的问题，但却很少会反思自己也犯着相同的问题。"为什么看见你弟兄眼中有刺，却不想自己眼中有梁木呢？"我们很容易记起近代史的屈辱与伤害，但很少愿意思考我们曾经对外族，甚至是同胞犯下的罪过。

自恋让人执着于对他人的利用，所有的人际交往都只是在满足自我的需要。如果他人不再有利用价值，人的"爱"也就会消失殆尽。因此，我们很容易记住对他人的恩惠，却很容易忘记他人对自己的恩情。

自恋让人缺乏安全感。人知道自己的有限，无法主宰未来，但自恋让人靠不断的自我提升来对抗对未来的焦虑。只不过不断的自我成功带来的却是更大的不安全感，以及对同类更深的敌意。人们总是在贪图虚名，互相嫉妒。在人的眼中，每个人都是潜在的竞争对象，没有朋友，只有敌人。

正是自恋，让人与人之间充满着仇恨。仇恨带来恐惧，恐惧又带来更多的仇恨。

恐惧让人选择结盟，盟友都是具有相同优越感的人，如共同的出生地，共同的种族，共同的国别。"物以类聚，人以群分"，盟友们在对抗其他群体中获得了短暂的安全，并让优越感得以强化，通过对敌人的"同仇敌忾"深化了盟友的自我优越感。

然而，这种安全极不稳定。一方面，结盟会让群体之间的冲突加大，产生更大的仇恨；另一方面，人自恋与仇恨的天性也会在盟友内部形成新的派别、新的冲突、新的仇恨。一个仇恨异族的人，也一定会在本族中分门别类，造成争端，人的本性就是如此，习惯拉帮结派，彼此为敌。

仇恨是爱的缺失，是一种无望的虚空，唯有真正的爱可以填满这种虚空。我们习惯了仇恨，每天电视中充斥的"抗日神剧""宫斗剧"不断强化着这个我们对外对内的仇恨意识。人们根本不知何为"爱"。我们从小被教导的就是"世上没有无缘无故的爱，也没有无缘无故的恨"，人所定义的"爱"与仇恨只是一线之隔，"爱"在很多时候，成为放纵、堕落与伤害的遮羞布。

有人说，这个世界上最大的贫穷就是爱的缺乏。一个缺乏爱的人生活在自私自利的地狱中，而一个充满爱的人却生活在天堂里。

因为自恋，我们一贫如洗。

只有真正的爱才能让人走出自恋。

但这并不容易，因为世界上最远的距离就是"知道"和"做到"。

爱不是爱抽象的概念，而是爱具体的人；不是爱"人类"，而是爱"人"。有许多伟大的知识分子都非常爱人类，但他们却很难爱真正具体的人。有一个叫卢梭的人，曾经写过《论人类不平等的起源》，据说他一想到人类的苦难就会伤心落泪。但他却把自己的五个孩子送往孤儿院。他太忙了，忙着爱人类，而没有时间去爱具体的人。①

爱"人类"，却不爱具体的人是很多文人的通病。人类是抽象的，并无具体的对象，无须投入真心，收放自如，还可以为自己赢得道德上的优越感，但具体的人总是有那么多的问题，总是那么的不可爱。爱是要付出代价、恒久忍耐的。真正的爱永远是对具体个人的爱。

有趣的是，在生活中的很多环节，我们好像都会碰到一些"对头"。在学校中总有人和你不对付，在单位里也有人老和你唱对台戏，这往往让我们非常生气。但在某种意义上，这正是环境在训练我们的爱心，因为真正的爱往往都是对不可爱之人的爱。

可爱之人，人皆爱之，这种爱不过是自恋的一种表现形式。你欣赏他人的可爱之处，你不过是把对自己的爱投放在他人的身上。然而，只有当你在不可爱之人中看到值得爱的地方，你才能慢慢地走出自恋。

有时看到别人对我的批评，尤其是无理的指责，我也非

---

① ［英］保罗·约翰逊：《知识分子》，杨正润等译，江苏人民出版社1999年版，第31页。

圆圈正义

常生气。但这个时候总有声音在提醒我，批评可以戳破人自恋的幻象，给人虚荣的气球放放气，让人不至于飘到无边的高处。在坚实的地面上，人才能有真实的生活。

走出自恋，走出仇恨，成为一个真正富裕的人。

# 圆圈正义与安提戈涅

据说领导在批阅文件时喜欢画圈，谓之"圈阅"。我对此一直不解，为什么要画圈而不画钩呢？

仔细想想，发现画圈是有道理的。

在现实中，无论我们用任何仪器都无法画出一个真正完美的圆，但"圆"这个概念本身是客观存在的。如果把"圆"看成一种关于正义的隐喻，那么每一个画"圈"的决定都是一种与正义有关的追求。

一般说来，至少有三种勾画"圆圈"的态度。

第一种人随意乱画，如画个四边形，然后称之为"圆"。如果居上者如此为之，可能是为了测试下属的忠诚，如赵高的指鹿为马；如果居下者也学着如此为之，那自然是唯领导马首是瞻，信奉领导的看法就是"根本大法"。只要国王愿意，即便他没有穿衣服，那也是最美的新装。

第二种人很用心地手绘圆圈，但无奈所画之圆就是不太规则。他们中的一部分会灰心丧气，甚至干脆放弃画圆。这些人会觉得世上本无圆，庸人自扰之——既然我们所做的一切离正义那么遥远，那么根本就没有正义。理想破灭之后的虚无会让这些人以犬儒讥诮的心态来看待一切，也就慢慢转变为第一种人。

第三种人用先进的仪器画圆，如使用圆规。当画出一个合格的圆，他们会非常开心。但慢慢地他们开始陶醉于自己所画的圆，他们觉得这个圆太完美了，当不可一世的自恋充满他们的心思意念，他们也就会将自己所画的圆定义为"圆"的标准。如果有人提醒他们，其实还有更完美的圆，他们会把这种意见当成对自己的挑战，因为他们俨然已经是真理的代表。绝对的权力绝对导致自恋。

如果把理想中完美的"圆"比作正义的应然状态（应该如此），那么现实中所有的不那么完美的"圆"就可以看成正义的实然状态（实际如此）。

应然正义和实然正义是法律永恒的主题。当我们说法律要追求公平和正义时，这种正义是应然的还是实然的呢？

《安提戈涅》是古希腊最伟大的悲剧作品之一，所讲的故事就集中体现了应然正义和实然正义的冲突和张力。

故事发生在忒拜，克瑞翁在俄狄浦斯垮台之后取得了王位，俄狄浦斯的一个儿子波吕涅克斯背叛城邦，勾结外邦进攻忒拜而战死。克瑞翁将波吕涅克斯暴尸荒野，并下令，谁埋葬

波吕涅克斯就处以极刑，波吕涅克斯的妹妹安提戈涅以遵循
"天道"（对家人的爱）为由埋葬了哥哥，于是被克瑞翁下令
处死。与此同时，克瑞翁遇到了一个占卜者，说他冒犯了诸
神。克瑞翁后悔赶去救安提戈涅时，为时已晚，安提戈涅已被
处死。克瑞翁的儿子是安提戈涅的未婚夫，得知恋人死讯后自
杀身亡，克瑞翁的妻子听说儿子已死，怒责克瑞翁后也随之自
杀。克瑞翁成为孤家寡人，这才认识到是自己一手酿成了悲剧。

"哎，你认识到什么是正义，但是已经晚了。"

《安提戈涅》的隐喻成为自然法学派与法律实证主义之
间论战的经典，它也启发了后世许多的大哲学家，如黑格
尔、克尔凯郭尔、科利和德里达。

剧中安提戈涅在对抗克瑞翁时有一段常常被法学家所引
用的台词——

克瑞翁质问道：

"如果我忠于王位的职责，我就不正义吗？"

安提戈涅回答说：

"你并不正义，你践踏了天道。"

"上天制定的不成文律条永恒不变，它的存在不限于今日
和昨日，而是永久的，也没有人知道它是什么时候出现的。"

"我并不认为你的命令是如此强大有力，以至于你，一个
凡人，竟敢僭越上天不成文的且永恒不衰的法。不是今天，也

非昨天，它们永远存在，没有人知道它们在时间上的起源！"①

　　虽然关于《安提戈涅》的隐喻有很多种说法，但我更愿意接受自然法学派的基本立场。应然正义一如客观存在的"圆"，它是法律永远的追求，虽不能至，心向往之。

　　当法律朝着应然的正义前行，我们有服从的义务，这就是边沁所说的"严格的服从，自由的批判"。但如果法律严重背离应然的正义，那么边沁的说法就不再成立——恶法非法。无论权力意志多么强大，长方形也永远不是圆。

　　当我们真正意识到，正义如同圆圈一般是客观存在的概念，那么我们就能跳出前文所说的三种画圈心态。

　　既然正义如完美的圆一般并非人之主观设计，而是客观自在的，因此我们对正义会心存敬畏。

　　身居高位者会知道权力有其边界，不会以黑为白，以恶为善，也不会自居真理的代表，自高到认为可以凭借一己之力在人间建立天堂；下级官吏也不会唯唯诺诺，有坚守初心的道德勇气，可以抵制执行不正义的命令，即便身不由己，也可以"把枪口抬高一厘米"。

　　至于普罗大众，我们会尊重权力的拥有者，即便我们发

---

　　① ［法］保罗·利科：《爱与公正》，韩梅译，华东师范大学出版社2016年版，导言第12~14页。

出批评，也是本着最大的善意，希望他们能够秉公行义，不负民众所托。批评不自由，则赞美无意义。

当我们尽心竭力，正义仍然遥遥无期，我们也依然心存盼望。我们一时会感到灰心，但我们永远不会绝望，因为正义即使眼不能见，但却从来没有离开。正义在前方，是我们永远前行的方向。

保守主义先驱伯克告诫我们："伪善最喜欢崇高的思辨，因为它从不打算跨越到思辨的界限之外，它无须付出任何代价就能把自己装点得庄严高尚。"① 让我们告别高谈阔论的伪善，用零星的善举温暖这个寒冷的冬天。帕斯卡尔也说："所有的肉体合在一起，所有的精神合在一起以及所有它们的产物，都比不上最微小的仁爱行动。它属于一种更加无限崇高的秩序。"②

臣心一片磁针石，不指南方不肯休。愿那永恒的正义如磁石吸引、拨动着我们的心弦，让我们微小的爱心改变我们所能改变的一切。

不悲伤、不抱怨，不咒骂。向着标杆直跑。

---

① ［英］詹姆斯·斯蒂芬：《自由·平等·博爱》，冯克利、杨日鹏译，江西人民出版社 2016 年版，第 198 页
② ［法］帕斯卡尔：《思想录》，何兆武译，商务印书馆 2015 年版，第 443 页。

# 从"刀把子"到"双刃剑"

## ——刑法使命的变化

"刑"字，望文即知拿人开刀。20世纪80年代初，北京政法学院复校，有领导训话，指出学校的任务就是培养"刀把子"和"印把子"。非常形象地道出了人们对刑法的普遍看法——一种打击犯罪的工具。

1983年"严打"，这种"刀把子"的功能发挥到极限。当年秋天，"严打"正式启动，共持续3年5个月，查获各种犯罪团伙19.7万个，查处团伙成员87.6万人，逮捕177.2万人，判刑174.7万人，劳动教养32.1万人。其中，仅在1983年8月至1984年7月，就有24000人被判处死刑。[①] 许多今天人们视若常态的行为在那时都被处以重刑：

例如，一青年因酒醉路边小便，结果也被定为流氓罪，

---

① 孙中国、李健和：《中国严打的理论与实践》，中国人民公安大学出版社1998年版，第9页。

处刑 15 年，被送往新疆劳动改造……①

今天的人们可能很难想象"严打期间，司法从简"的样子，公检法协同办案，甚至还有"定罪指标"。为什么会这样，刑罚权是怎样失去控制的？难道刑法就只是简单的"刀把子"？

要转变"刀把子"刑法观，首先要纠正的就是国家权力至善的观念。刑杀之权是一种由国家垄断的暴力。权力导致腐败，绝对权力往往导致绝对腐败。无论哪种政治体制下的国家权力，都不可能没有瑕疵，都有滥用的可能。

南宋绍兴十一年农历十二月廿九（公元 1142 年 1 月 27 日），大年除夕，年仅 39 岁的岳飞被宋高宗赐死，罪名为"谋反"。岳飞被捕时，有人劝他向高宗求情，为岳飞所拒，他说："上苍有眼，就不会陷忠臣于不义，否则，又能往哪里逃呢？"同为抗金名将的韩世忠一改往日的圆滑与世故，面诘秦桧，认为谋反一事，子虚乌有，秦桧支吾其词"其事体莫须有"。韩世忠怒斥道："莫须有三字，何以服天下？"岳飞父子后均被处死，遇害之前，岳飞手书八个大字"天日昭昭，天日昭昭"！

---

① 杨清林：《流氓罪，那只被打击过狠的麻雀》，载《辽宁法制报》2008 年 7 月 11 日。

在不受约束的国家权力面前，公道正义显得多么的苍白无力。岳飞父子行刑之日，杭州城凄风苦雨，"天下冤之"，无数人为之泪下。但有冤，又往何处申？

如果刑罚权不受法律约束，极度膨胀如利维坦，虽然某些重犯可被处极刑，满足人们刹那的快意，但从此却埋下了一颗定时炸弹，良善公民也有可能遭受刑罚，无端罹祸。

"欲加之罪，何患无辞"，这是用血和泪换来的经验总结。岳飞的冤屈告诉我们，比犯罪更可怕的是不受限制的国家权力。在所有的国家权力中，刑罚最为可怕，它直接针对公民的人身、财产和自由，甚至生命，如果这种权力腐化滥用，后果不堪设想。如培根所言，一次犯罪不过是污染了水流，而一次不公正的司法却是污染的水源。相比随时可能被滥用的刑罚权，犯罪对社会的危害其实微不足道。

其次要纠正的是工具主义的刑法观。这种观点认为，包括刑法在内的一切法律都只是实现一定社会目标的工具，并不具有独立的价值，如认为"法律是国家的工具""法律是发展经济的工具"等，不一而足。

只要将刑法作为工具，权力的滥用也就不可避免，人治可以打着法治的名义大行其道。任何事物一旦成为工具，就必须为使用者服务，当工具可以满足使用者的目的时，工具可以获得各种美赞，而当工具妨碍了使用者实现目的，自然也就会弃之如敝屣。无论将法律定义为何种工具，它都无法避免为人任意裁剪取舍的命运。

法律工具主义是权力至善的必然体现。深信权力毋庸置疑的正确性导致掌权者很难有一颗谦卑的心去接受束缚，法律自然只能成为掌权者推行政策的工具。

已有的事，后必再有；已行的事，后必再行。日光之下，并无新事。历史已经，而且还将继续告诫我们，国家权力绝不是完美无瑕的，刑法也不应成为统治者任意操控的工具。刑法要追求公平和正义，而不能唯权力马首是瞻。法律是对世俗社会的诫命，它要约束包括统治者在内的一切权力。在这个意义上，不是法律匍匐于权力之下，而是权力在法律之下俯首称臣。

因此，刑法不仅要惩罚犯罪，还必须有效地限制国家的刑罚权，保障公民的基本人权。

古话说："刑不可知，威不可测，则民畏上也。"如果刑法的使命只是打击犯罪，其实没有必要制定成文刑法。它只需存于统治者的内心深处，一种秘而不宣的刑法较之公开明示的法律更能打击一切所谓具有社会危害性的行为。刑法理论也是简单明快的：因为你实施了危害社会的行为，所以你犯罪了，那么你就要接受包括死刑在内的一切刑罚。这样的话，一切有关谁应该构成犯罪、谁不应该构成犯罪的问题，也就只能依赖于权力者的个人偏好，在某些时候，可能是有关道德与否的争论。这样，我们大可不必担心出现疑难案件，因为只要是我们想打击的，那它就是犯罪。正如有学者所指出的那样：一个国家对付犯罪并不需要刑事法律，没有刑法并不妨碍国家对犯罪的有效打击和镇压，而且没有立法的犯罪打击可能是更加灵活、有效、及时与便利的。如果从这个角度讲，刑法本身是多余和伪善的，它除了在宣传上与标榜上有美化国家权力的作用外，主要是束缚国家机器面对犯罪的反应速度与灵敏度。

那么，人类为什么要有刑法？这个问题欧洲启蒙思想家们在300年前就作出了回答：刑事法律要遏制的不是犯罪人，而是国家。也就是说，尽管刑法规范的是犯罪及其刑罚，但它针对的对象却是国家。①

在法治社会，刑法不再是"刀把子"，而是"双刃剑"：一刃针对犯罪，一刃针对国家权力。这也就是德国学者拉德布鲁赫所说的刑法的悖论性：

"自从有刑法存在，国家代替受害人施行报复时开始，国家就承担双重责任，正如国家在采取任何行为时，不仅要

---

① 李海东：《刑法原理入门〈犯罪论基础〉》，法律出版社1998年版，第3~4页。

为社会利益反对犯罪者，也要保护犯罪人不受被害人的报复。现在刑法同样不只反对犯罪人，也保护犯罪人，它的目的不仅在于设立国家刑罚权力，同时也要限制这一权力，它不只是可罚性的缘由，也是它的界限，因此表现出悖论性：刑法不仅要面对犯罪人以保护国家，也要面对国家保护犯罪人，不单面对犯罪人，也要面对检察官保护市民，成为公民反对司法专横和错误的大宪章。"①

　　正是基于刑法的双重使命，1997 年我国刑法规定了罪刑法定原则——法无明文规定不为罪，法无明文规定不处罚。刑法既要惩罚犯罪，又要限制惩罚犯罪的权力。刑法也就开始实现了从"刀把子"到"双刃剑"的转化，虽然这种转化仍未完待续。

---

　　① ［德］拉德布鲁赫：《法学导论》，米健、朱林等译，中国大百科全书出版社 1997 年版，第 96 页。

# 天生犯罪人

## ——一个未解之谜

1966 年 7 月 14 日晚，芝加哥发生了一起惊天血案，24 岁的理查德·斯佩克携带凶器闯入某医院的一间护士宿舍，用布条将房间里的 8 个女孩捆绑起来并堵住嘴，然后将她们残忍杀害。斯佩克是一个无所事事的小混混，此人 19 岁时就在手臂上刻着"为地狱复活而生"，他将受害者称为圣人，认为他们用自己的生命来帮助了别人，他在形成决意到最后杀人只用了 49 分钟，可谓超级冷血。[1]

然而，辩护律师却发现了一个奇怪的现象，斯佩克的性染色体是 XYY，他立即想到了染色体与犯罪的假说。正常人的染色体有 23 对（46 条），其中的 22 对是一样的，也就是所谓的常染色体，第 23 对是性染色体，一般地说，男性的性染色体为 XY 型，而女性的性染色体为 XX 型。但大千世界，

---

[1]  Howard Chua-Eoan, Top 25 Crimes of The Century, http：//www. time. com/time/2007/crimes/9. html.

无奇不有，有些人的性染色体是 XYY 型，这个"多出来的染色体"对人类行为有无影响，不少学者对此兴趣盎然。1965 年，在英国苏格兰的一个医院，研究人员对其中的 315 位男性病人进行了研究，这些病人因极度危险、具有暴力和犯罪倾向而被关押。研究发现，居然高达 75% 的人的性染色体异常，是 XYY 型。一年后，英国的另外一些研究人员又发现在被羁押的犯人中，具有 XYY 基因的人都普遍身材高大（至少 183 厘米），其中 24% 的人因为心理异常和反社会行为而被羁押，8% 的人因为精神疾病和反社会行为被羁押，还有 8% 的人因为犯罪被判处 6 个月以上 5 年以下有期徒刑。[①]

这个研究结果发表之后，又有数名犯罪学家步其后尘，并宣称拥有 XYY 性染色体的男性，身材特别高大，四肢比常人要长，拥有黝黑的皮肤，脸上布满粉刺，心理发展有障碍，通常都有暴力犯罪的倾向。同时，社会中又发生几起耸人听闻的恶性案件，而据说实施这些暴力犯罪者的性染色体都是 XYY 型。[②]

斯佩克的辩护律师以此向陪审团求情，认为斯佩克犯罪是迫不得已，因为他有一条额外的 Y 染色体，他的犯罪是染

① Wayne R. LaFave, Criminal Law (4th edtion), Thomson West (2003), p. 462.

② 邱格屏：《基因科技与犯罪研究》，载《犯罪研究》2002 年第 2 期。

色体所决定的，希望借此逃避惩罚。但法院并未采纳这种观点，斯佩克最后被判死刑，后被改判监禁 100 年（1972 年美国最高法院认为死刑违宪）。但是，此事经媒体报道，众多科学家都对此案予以强烈关注，相当数量的人为斯佩克的遭遇感到遗憾，他们认为异常染色体与犯罪有莫大关系。

人们实施犯罪，是否真有生物学上的原因？最早对此进行系统研究的是意大利刑法学家龙勃罗梭。

龙勃罗梭早年曾是军队的一名医生，由于职业关系，经常负责对士兵进行身体检查，于是开始对士兵的体质差异进行研究，他发现好坏士兵的差异往往是后者有纹身的癖好，于是推测犯罪与纹身有很大关系。后来，龙勃罗梭又成为监狱的一名医生，他开始对几千名犯人做了人类学的调查，并进行了大量的尸体解剖。1870 年 12 月，一个阴雨连绵的上午，意大利帕维亚监狱，龙勃罗梭受命对著名的大盗维莱拉的尸体进行解剖，此人 70 多岁，但行动仍然非常敏捷，身轻如燕，行走如猿。当打开维莱拉的头颅，龙勃罗梭惊奇地发现此人头颅枕骨部位有一个明显的凹陷处，它的位置如同低等动物一样，恰在枕骨中央，属于真正的蚓突（vermis）肥大。龙勃罗梭望着这奇怪的畸形物，一下醍醐灌顶，豁然开朗，他认为犯罪者与犯罪的神秘帷幕终于被揭开，他得出一个惊世骇俗的结论：犯罪的原因就在于原始人和低等动物的特征必然要在我们当代重新繁衍。在此基础上，他提出了天生犯罪人理论。①

龙勃罗梭不无激动地指出：

"这不仅仅是一种观念，而且是一个新的发现，看着那颗头颅，仿佛忽然间烈日照亮了大地似的，我看出了罪犯的本质问题——罪犯是一个返祖的人。在他身上再现了原始人类和低等动物的残忍本能。一切都可以从解剖学的观点进行解释。那巨大的颌骨，高耸的颊窝，在罪犯、野蛮人和类人猿身上才能见到的那种呈柄型的耳朵，无痛感能力，极敏锐的视力，纹身，极度懒惰，酷爱狂欢，以及为做坏事的不可遏止的欲望，不仅要夺取被害者的生命，而且要撕碎其尸体，吃他的肉，喝他的血……"②

为了论证自己的观点，龙勃罗梭做了大量的解剖研究。最后在《犯罪人论》一书中，他不无激动地指出：原始人是天生犯罪人的原型。在原始人类中，犯罪是一种常态，因此犯罪人并非是对法律规范的违反，而只是一种特殊的人种，他们是人类的亚种，犯罪人就是生活在现代社会的原始人。

---

① 马克昌主编：《近代西方刑法学说史略》，中国检察出版社 1996 年版，第 151 页。
② 马克昌主编：《近代西方刑法学说史略》，中国检察出版社 1996 年版，第 151 页。

龙勃罗梭进而认为天生犯罪人具有生理和精神两方面的特征：其一，天生犯罪人在生理上，往往具有扁平的额头，头脑突出，眉骨隆起，眼窝深陷，巨大的颌骨，颧骨同耸；齿列不齐，非常大或非常小的耳朵，头骨及脸左右不均，斜眼，指头多畸形，体毛不足等。其二，在精神上，他们往往痛觉缺失，视觉敏锐；性别特征不明显；极度懒惰，没有羞耻感和怜悯心，病态的虚荣心和易被激怒；迷信，喜欢纹身，惯于用手势表达意思等。①

在进化论的强烈影响下，龙勃罗梭将天生犯罪人的原因归纳为遗传和变异。所谓遗传也就是认为犯罪可以遗传给下一代，由此形成物种之间的连续性，犯罪人其实是"基因的奴隶"。② 龙勃罗梭从调查个案入手肯定了隔世遗传规律，还提出天然类聚说，认为两个犯罪家庭联姻后，遗传的影响会更大。总之，遗传因素有点像"龙生龙，凤生凤，老鼠生儿会打洞"和"老子英雄儿好汉，老子反动儿混蛋"。变异则强调物种间的非连续性，这主要是对遗传因素的一种补充，是指形形色色的物种通过共同起源和分歧发展，各自适应于一定生活条件，呈现各种适应现象。天生犯罪人理

---

① 马克昌主编：《近代西方刑法学说史略》，中国检察出版社 1996 年版，第 151 页。

② 陈兴良：《刑法的启蒙》，法律出版社 2003 年版，第 175 页。

论一开始就遭到许多犯罪学家的抨击。当时法国一位人类学家看到龙勃罗梭搜集的天生犯罪人的画像时，就曾尖刻地挖苦道："这些肖像看起来和龙兄的朋友们长得一模一样啊。"在其弟子菲利等人的影响下，龙勃罗梭在其晚期著作中降低了天生犯罪人在总的犯罪中的比例，强调堕落对犯罪产生的影响。人之所以会犯罪不是由于基因而是由于堕落，这也是一种变异。

龙勃罗梭的天生犯罪人理论对传统的刑法理论带来了根本性的冲击。传统刑法理论推崇意志自由论，认为人们实施犯罪是基于意志自由，是自我选择的结果，犯罪人必须承担道义上的责任，刑罚并不仅仅是为了惩罚犯罪，还要发挥积极的威慑作用，防止他人走上犯罪道路。[①]

龙勃罗梭颠覆了这种结论。既然犯罪是遗传或变异所决定的，那么这些犯罪人实施犯罪也就是必然的，这根本不存在自由意志，犯罪人只是基因的奴隶。犯罪是不可避免的，刑罚不是对犯罪的惩罚，而是为了保护社会，这也就是所谓的社会防卫论。他举了一个通俗的例子——野兽吃人，根本不用管它是生性使然，还是故意为恶，只要人见了，为了自卫就要击毙之。在龙勃罗梭看来，既然犯罪是不可

---

① 陈兴良：《刑法的启蒙》，法律出版社 2003 年版，第 169~170 页。

避免的，犯罪人几乎是无可救药的，刑罚也不可能对天生犯罪人产生任何威吓性的效果，刑罚只能是改造或消灭犯罪人肉体的手段。

龙勃罗梭的研究成果在今天看来多少有点武断，但他首次把实证研究方法引入刑法领域，并开始从关注犯罪行为转为犯罪人，这是一个伟大的转变。虽然龙勃罗梭所开创的刑事人类学派只是一个过渡学派，但他却给其后的刑事社会学派提供了无穷无尽的想象空间，刑事社会学派也恰恰是站在龙勃罗梭这位"巨人"的肩膀上才看得更高更远。

不得不提的是，龙勃罗梭的天生犯罪人理论蕴含着巨大的风险。龙勃罗梭本人并未意识到，他的理论不仅开创了刑法学研究的一种新的思路，也在某种意义上打开了"潘多拉的魔盒"。虽然龙勃罗梭晚年不再认为遗传是犯罪的决定性因素，转而认同遗传和环境共同作用，但其所指出的遗传与犯罪人的某种联系还是受到很多人的关注，进而发展成一门独立的学科——犯罪生物学。早期犯罪生物学的研究极为武断，并不严谨，研究者恣意将许多未经严格证明的生物遗传特征武断地界定为犯罪特征，一如龙勃罗梭最初所为。不幸的是，这种研究成果与优生学一结合，却造成了 20 世纪最大的人间惨剧。

　　优生学兴起于 19 世纪末 20 世纪初期，优生优育的初衷听起来无限美好，但是这一思想很快就被借用并扩大化，将其用于解决困扰城市的惊人的社会问题——贫穷、犯罪和暴力。优生学家不再谴责经济和社会体制本身，而是谴责那些不幸的人，认为他们是天生没有能力适应现代社会的人。因此，优生学被可悲地打上了遗传学的烙印，也成为"基因的奴隶"。优生学包括两种倾向，一是积极地改良人类品种，二是消极地淘汰劣等人种。于是，我们看到，从被动优生到种族灭绝，仅一步之遥。①

　　之后，优生学运动顶着无比神圣的科学外衣大行其道，就连丘吉尔和萧伯纳这些最具人文关怀的自由主义知识分子都在那个时候对优生学运动摇旗呐喊。受优生学运动影响，美国许多州通过强制性绝育的法律，规定政府有权对罪犯、白痴、低能儿，或者州专家委员会批准的其他人实施强制性绝育手术。直到 1942 年，联邦最高法院在 Skinner v. Oklahoma 案中 (316 U. S. 535, 1942) 才宣告绝育法违宪。当时，就连西奥多·罗斯福总统也说："有朝一日，我们将会认识到我们的主要责任，一个良种好公民不可推卸的责任就是把他或她的血统留给这个世界：我们不应该让那些劣等血统在这个世界

━━━━━━━━━━

① 邱格屏：《基因科技与犯罪研究》，载《犯罪研究》2002 年第 2 期。

上存留。文明社会的一个重大社会问题，就是确保优等血统人口相对不断增加，劣等血统人口不断减少……除非我们充分考虑遗传对社会的巨大影响，否则这个问题不可能得到解决。我非常希望能禁止劣等血统人种的生育。如果这些人的邪恶本质确实罪恶昭彰，就应该这样去做。犯罪分子应该被绝育，禁止低能人留下后代……进一步强调让优等人种去繁殖生育。"①

恶果就这样一步一步地被种下，而且都是打着科学的名义，500多万名犹太人就这样作为德国纳粹所谓的"劣等民族"被整体清除。希特勒在《我的奋斗》一书中宣称人类一切的文化、艺术、科学和技术果实，几乎完全是雅利安人创造的，只有雅利安人才是一切高级人类的创造者；血统的混杂是旧文化衰亡的唯一原因。因此，雅利安人"最终只有自保的要求才能得胜"。于是，希特勒制定出一系列的政策，确定犹太人和斯拉夫人是"劣等民族"，命令政府和人民要竭尽全力执行种族法律，"无情地打击一切民族的毒害者国际犹太人"。② 不知龙勃罗梭泉下有知，见到这种结果会作何感想。

"二战"之后，由于优生学在纳粹时期那段极不光彩的

---

① 邱格屏：《基因科技与犯罪研究》，载《犯罪研究》2002年第2期。
② 余凤高：《遗传：优生和种族灭绝》，载《书屋》2000年第7期。

历史，犯罪生物学的研究也陷入停滞。但不久，犯罪生物学又开始活跃起来。有代表性的就是本文开始所提到的XYY染色体与犯罪倾向研究。不过，XYY假说的"肥皂泡"很快就破裂了，因为常人中XYY型的男性比率并不像想象中的少，不同监狱间XYY型基因的男性比例相差极为悬殊，更为关键的是，其攻击性的社会行为倾向根本无法透过科学加以证实，这场闹剧最终草草收场。①

　　1993年，荷兰奈梅亨大学的遗传学家汉·布鲁纳在《科学》杂志上发表了关于一个具有特殊历史的荷兰家族的研究报告，再度将犯罪生物学推向公众，成为焦点。根据布鲁纳的报告，这个荷兰家族的男性成员都有一种奇怪的攻击性，

---

① 邱格屏：《基因科技与犯罪研究》，载《犯罪研究》2002年第2期。在人类中除存在XX、XY两种染色体外，还有其他一些性染色体，如XXY、XYY、XXX、XO。XXY也即克兰费尔特氏综合征。这类人由于既携带男性染色体，又携带女性染色体，因此拥有男性内部生殖器官和外部生殖器官，但是睾丸和阴茎却没有在青春期发育充分。该病常见的特点是腿部较长，睾丸和阴茎很小，嗓音尖细，没有胡须、阴毛、体毛。具有这种综合征的人通常像正常男人一样生活，但需要接受雄性激素，并且他们向异性变化的可能性仍然很大，而那些像女性一样生活的人，也同样得接受雌性激素。XO为特纳氏综合征，如果父母只将一个X染色体遗传给胚胎，就会产生这种病变。由于只有一个X染色体而没有Y染色体，因此这些人具有女性特征，像女性一样生活。她们的身材较矮，没有喉结，月经很少，卵巢发育不全，没有体毛，外部性器官发育不全，有些人甚至没有乳房。如果这种疾病发现得早，并随之用雌性激素进行治疗，那么这些人的外部发育会得到极大改变，可以像正常的女性一样生活。具有XXX染色体也大有人在，但不会有太严重的后果，这些妇女甚至根本不知道她们的细胞里还多带了一个X。

通常是暴力行为，如裸露、纵火和强奸等。他们对很小的挫折和压力的反应都很疯狂，如叫喊、咒骂，甚至殴打激怒他们的人。布鲁纳经过多年秘密的研究后，声称在这些深受折磨的男性身上发现了一小段基因缺陷，它产生的一种酶，即单胺氧化酶 MAO（monoamine oxidase）会阻断大脑中用于传递信息的化学物质。因此，那些具有这种基因缺陷的人便积累了过量的具有巨大能量的神经递质，如血清素、去甲肾上腺素和多巴胺等，这些积累导致攻击性的爆发。尽管很多东西有待证实，研究者亦声明，有关 MAO 的研究成果只是表明攻击性行为与遗传基因间的关联性，而不是代表其间有因果关系的存在，但是这种声明阻止不了媒体有关"攻击性行为基因的发现"的报导。而布鲁纳也认为，他本人对于基因如何产生暴力有了很好的解释。那些从事相关研究的美、法等国研究者甚至明确表示，与其他引起攻击性行为的社会环境等问题相比，MAO 的异常是一个更为直接的原因，将 MAO 的突变利用到攻击性人类行动的诊断是非常合理的。并且为了寻找与诸如上瘾、压抑、暴力攻击性行为有关的基因研究，曾经在全球至少 100 个实验室中进行实验。①

　　严格说来，犯罪与遗传的关系很难被轻易否定，这也是

---

① 邱格屏：《基因科技与犯罪研究》，载《犯罪研究》2002 年第 2 期。

为什么龙勃罗梭所开辟的犯罪人类学派直到今天仍然后继有人，尤其是日渐兴起的基因技术，更是让越来越多的犯罪生物学家对基因与犯罪的关系兴趣盎然。但是，犯罪毕竟是一种社会现象，如果脱离社会原因而空谈基因或遗传与犯罪的关系，多少有点缘木求鱼。如果认为一些人的犯罪、贫穷、失业等都是先天决定的，他们本就是不幸的"基因奴隶"，而根本不考虑其他社会原因，那么人类的一切制度建设也就失去了存在的意义——既然一切都是宿命所决定的，那么我们为改善人类生活的努力又有什么意义呢？更为可怕的是，如果将这种生物决定论推向极限，谁又能保证种族灭绝的悲剧不会重演呢？在此，我始终铭记德国诗人荷尔德林的一句名言：

往往是那些善良的愿望，把人类带入了人间地狱。

# 法治的妥协

最近处理了一个朋友委托的刑案，我心里坚持认为当事人无罪。但是鉴于案件已经起诉，我不得不慎重考虑认罪换轻刑的选项。

勇敢当然是一种美好的品质，但勇敢并不意味着毫不妥协。我们很容易指责他人懦弱，但这种指责太过刚性，缺乏身临其境的同理心。我们都想成为一个勇敢的人，但是事到临头，我们也许才发现自己并没有想象中那么勇敢。

有的时候，妥协往往是一种更为勇敢的举动，只要这种妥协并没有放弃自己内心深处最神圣的原则。

回想自己办理的大多数刑事案件，我似乎都选择了妥协。

对中国的司法制度有了解的人都知道，法院一旦作出无罪判决，将会直接导致公安机关、检察机关承担一定的国家赔偿责任，甚至就连具体办案的警察、检察官也会受到"错案责任追究"。甚至，在司法机关内部还存在着一些成文或不成文的绩效考核规定，对刑事破案率、批捕率、无罪判决率、撤诉率等进行考核。检察机关往往把无罪判决率作为案件质量考核的硬指标，出现无罪判决，责任人要承担不利后果。一些时候，当事人权利与司法机关绩效考核发生了本不该有的联系。

2018年3月9日，最高人民法院向全国人大所做的工作报告显示，2017年各级法院依法惩治刑事犯罪，审结一审刑事案件548.9万件，判处罪犯607万人，仅对2943名公诉案件被告人和1931名自诉案件被告人依法宣告无罪。如果用2943加上1931除以607万，无罪判决率仅为万分之八——这么低的无罪判决是罕见的。

记得在一次庭审过程中，所涉及的案件正好是本人专门研究的范畴，我特意准备了一本自己撰写的有关该问题的专著以及若干篇相关的学术论文，作为附件提交给司法机关。法官也表示案件确实值得研究，认为我的无罪辩护意见很有道理，表示要好好阅读一下我提交的论著（当然，这可能只是一种客气）。我能够体会法官的难处，所以庭审结束之后也特意问了一下检察官是否可以撤诉。检察官直截了当地回答我，没法撤诉，因为按照该地的规定，已经起诉的案件即便撤诉也要按照无罪案件对待，要扣绩效分。

法治的基本要义在于用公开的规则去约束权力，让民众能够有合理的预期，免于惶惶未知的恐惧。合理预期是包括人类在内的所有生物的基本天性。科学家做过一个试验，铁笼中养着一只白鼠，左右各开一小门，左边放着一根通电的棍棒，右边放着一块蛋糕，科学家用木棍驱赶老鼠，经过几次训练，白鼠习惯了右跑，一看到木棍，就会主动往右跑。此时，试验者把食物和棍子对调，白鼠往右跑时，等待它的变成敲打鼻子的痛苦，慢慢地它又学会向左跑，试验者再次对调食物与棍子。几次对调，试验者发现，不论再用什么刺激白鼠，它都不愿再跑——它已经疯了。老鼠之所以发疯，是因为失去了对未来的合理预期，它不知道世界为什么突然变了。对未来的合理预期是所有生物存活的基本条件。作为万物之灵的人类更是需要合理预期，法律必须保障人们免于恐惧的权利。

十多年前，我有一次"被抓"的经历，不过是在德国。当时我的护照（德国驻华使馆颁发的申根签证）在法国巴黎丢失，我去警察局报案，接待我的法国警察马上致电中国驻法国大使馆，无人接听；又立即致电德国驻法国大使馆，使馆立即安排一个会说法语、德语和中文的工作人员在电话中与法国警察和我沟通。最后，使馆工作人员明确告诉我，护照丢失必须补办，在补办之前不得离境。由于我提前购买了当晚回德国的大巴车票，作为学生的我，觉得车票很贵，若在巴黎再住几晚，那花费就太大了。同行的同学也告诉我，凭借他几次乘坐大巴的经历，在德法边境从来没有查过护照。所以我决定冒个险，返回德国之后再补办护照。当我坐上大巴返回德国，昏昏欲睡中到达德法边境，不巧的是警察居然上车查验护照。我非常慌张，但是同学告诉我：没事，一般都是抽查。结果当天不是抽查，是全部盘查。我被带下车去，当时同学对我说：不用怕，德国是法治社会。

由于当时网络出现故障，警察无法查明我的身份。据说当时接到线报，有亚洲人走私毒品，所以警察怀疑我是毒贩，把我关进拘留所，让我脱掉衣服，配合检查。老实说，在拘留所中我并不害怕。一是德语很好的同学一直在拘留所外等着我，二是我相信德国的法治。我在拘留所足足待了半个小时，然后两位警察过来向我道歉，说"已经查明我的身份，给我带来了很大的麻烦，现在可以离开了"，同时警察告诉我，他们已经电话通知大巴车在原地等待，他们会开着警车带我们以最快的速度去追赶大巴，不会耽误我们的行程。我头一次坐上了德国警察开的奔驰警车，也亲身经历了德国的法治实践。

对别国经验的介绍并不是崇洋媚外，一个伟大的民族从来都应以开放的心态去汲取一切人类的智慧成就。儒家的大同梦想从来都有兼济天下的胸怀，而非在个别地域、个别族群制造地方性知识。法治是人类政治智慧的一大标志，也是走向政治文明的必由之路。

法治必须约束权力，保障自由。通俗地说，国家只拥有法律所规定的权力，而法律所不禁止的则是公民自由驰骋之地。当权力有其固定的边界时，民众才能享有法律所赋予的免于恐惧的自由。如若法外另有民众无法知悉的内部规则，人们也就无法形成合理的预期，不可避免地会陷入未知的恐惧。

当前，一个非常值得警惕的现象就是"以法治之名行法家之实"。两者虽然都是循"法"而治，一字之差，但却谬之千里。早在清末，当时的修律大臣沈家本就一针见血地指出了法家与法治的区别，他说："抑知申、韩之学以刻核为宗旨，恃威相劫，实专制之尤。泰西（法治）之学，以保护治安为宗旨，人人有自由之便利，仍人人不得稍越法律之范围。两者相衡，判然有别。则以申韩议泰西，亦无究厥宗旨耳。"① 法家虽然也强调制定规则，但在规则之外仍有大量不为民众知悉的例外秘术："法者，编著之图籍，设之于官府，而布之于百姓者也。术者，藏之于胸中，以偶众端而潜御群臣者也。故法莫如显，而术不欲见。是以明主言法，则境内卑贱莫不闻知也……用术，则亲爱近习莫之得闻也"，② "刻

---

① 沈家本：《法学名著序》，载《寄簃文存》，商务印书馆2015年版，第210页。

② 《韩非·难三》。

薄少恩"推行专制的法家与保障自由限制国家权力的法治可谓风马牛不相及。

不得不说的是，一旦进入司法体系，涉案的当事人无论有罪还是无罪都会感到恐惧。是什么样的力量使得当事人如此的恐惧。如果司法是一种让人莫名恐惧的力量，那这一定是法家的幽灵，而绝非法治的精神。

每当遇到一个坚持无罪的当事人，即便内心认同他的辩解，但我依然会让他慎重考虑认罪换轻判的建议。如果对方仍然坚持自己的观点，我自然会尽力用平生所学不负所托。我不知道这种妥协是不是在损害法治的尊严。但是，我深知我没有资格用他人的勇敢去换取我所期待的法治进步。无论坚持多么崇高的抽象理念，我们都不要在自己的坚守上附加不着边际的价值，并让他人成为我们信念的牺牲品。我们只能期待自己有勇气去践行我们的法治信念。

如若命运之手将我们推向特殊的时刻，愿我们能有我们期待中那般勇敢。

# 燕园旧训　薪火相传
## ——在伟大观念中追寻真正的自由

2018 年是北大 120 周年的校庆。

戊戌双甲子，时间飞逝，维新之后，竟已百年又二十。

北大把自己的历史追溯至京师大学堂。作为戊戌变法的新政之一，这个学堂算是中国近代的第一所国立大学，但它亦是国家最高教育行政机关，行使教育部职能，统管全国教育。京师大学堂既是学校，又是衙门，有浓厚的权力本位的色彩。

1912 年 5 月，京师大学堂改称北京大学，严复为首任校长。

说起严复，今人大多知其为著名翻译家，译有《论自由》《天演论》等多部西学名著。但鲜有提及严复与袁世凯的关系。严复相信庸俗进化论，信奉弱肉强食、适者生存的社会达尔文主义，因此他崇拜强权也就可想而知。1915 年，严复被袁聘为宪法起草委员，发起成立筹安会，为袁复辟竭力呐喊。

北大真正告别衙门做派，与权力保持距离，还是要从1917年蔡元培出任校长时算起。蔡校长之前的北大，虽有大学之名，却无大学之实，其腐败之名远播于外，人所共知。今人所谓的北大精神，可能主要说的也是蔡校长主政后的北大。蔡校长"循思想自由原则、取兼容并包之义"，让北大迅速成为全国学术和思想中心。大学才开始告别太学。

那么，什么是北大精神呢？

据说北大没有统一的校训。

有人说校训是"科学，民主，爱国，进步"，还有人说是"勤奋，严谨，求实，创新"。

也有人说，校训应该是蔡校长提出的"兼容并包，思想自由"。

但是，如果没有必要的约束，自由很容易变得放纵散漫，而忘记了自己肩负的使命与责任。

而我则想到了北大燕园旧主燕京大学那古旧的校训——因真理、得自由、以服务。

燕园的原主是燕京大学，它成立于1919年，是近代中国规模最大、质量最好、环境最优美的大学之一，它曾与美国哈佛大学合作成立哈佛燕京学社，在国内外名声大震。

1952年，燕京大学被撤销，燕园校舍由北大接收，其中的法学等学科为新成立的北京政法学院承继。

唯有真理的光照，才能学会谦卑，走出自我的偏狭，从而自由而不放纵，独立而不狂狷，尽责而不懈怠。

真正的自由是做正确事情的自由，随意吸毒不叫自由，可以控制自己不去沾染毒品才是自由。任意更换性伴侣，始乱终弃不是自由，可以约束自己的欲望才叫自由。百花争妍，但仍能忠于命定的那朵玫瑰，才是真正的性自由。

然而，人生最大的奴役就是无法实现"知道"与"做到"之间的跨越，当我们为内心的幽暗所捆绑，任由心中邪恶的"海德博士"彻底战胜良善的"杰基尔博士"，我们得到的绝非自由，而是彻底的奴役。

只有真理之光能够砍断这种捆绑，带我们跨越鸿沟，成为真正自由的人。

自由的目的是责任，一个越自由的人越懂得去服务大众，去成全他人的幸福。

一位北大学妹有一段话写得很好，她说她从小就生活在北京，拥有很多人这一生都无法拥有的东西，因此她只能前行。

我有一个朋友也说，居住在北京就意味着责任，因为我们拥有了太多其他地域所无法想象的便利，因此我们必须对这个国家负有更大的责任。

而在今天的中国，优质的高等教育更是一种极其稀缺的资源。因此，我们必须牢记自己的责任。

在泰坦尼克号沉没时，人们主动让妇女和儿童先走，许多超级富豪把生的希望让给了他人，人性的高贵在那时彰显无遗。有一种力量能够让人类从容地面对死亡。

第一次世界大战期间，约有 600 万英国成年男性奔赴战场，其死亡率为 12.5%。然而，参加作战的英国贵族（包括上院贵族和从男爵）的死亡率高达 20%。在整个战争中，共有 20 名上院贵族战死，49 名上院贵族第一顺位继承人战死。据说英国著名贵族学校——伊顿公学的参战贵族子弟伤亡率高达 45%。有 3 家英国上院贵族在战争中完全灭亡，继承人全部战死。

真正的贵族不是财产上的富足，而是精神上的高贵，知道自己肩负的责任。

这样，即便一贫如洗，依然是贵族。

如果人的一生只是为了追求自我的利益，那么人生难免像陀螺一般，要靠着功名利禄不断鞭策，才能在虚荣和虚空中不断转动。但总有一天你的人生会停摆。

我们所拥有的物质利益都并非我们所配，白白得来，白白舍去，在服务他人中我们才能实现人生最大的价值。

大学之大，不在大楼，不在大师，更不在大官，而在伟大的观念。

愿我们的大学依然拥有伟大的观念，可如明光照耀，让黑暗中的人们看到希望。

愿燕园的旧训依然成为你我心中的指引，愿你我如日头出现，光辉烈烈。

# 《枪支批复》的情理法

2018 年 3 月 8 日，最高人民法院、最高人民检察院联合发布了《关于涉以压缩气体为动力的枪支、气枪铅弹刑事案件定罪量刑问题的批复》（以下简称《枪支批复》），对以压缩气体为动力的枪支、气枪铅弹刑事案件定罪量刑问题作出规定。

《枪支批复》明确规定，对于非法制造、买卖、运输、邮寄、储存、持有、私藏、走私以压缩气体为动力且枪口比动能较低的枪支的行为，在决定是否追究刑事责任以及如何裁量刑罚时，不仅应当考虑涉案枪支的数量，而且应当充分考虑涉案枪支的外观、材质、发射物、购买场所和渠道、价格、用途、致伤力大小、是否易于通过改制提升致伤力，以及行为人的主观认知、动机目的、一贯表现、违法所得、是否规避调查等情节，综合评估社会危害性，坚持主客观相统一，确保罪责刑相适应。

众所周知，《枪支批复》所针对的正是这些年来反复出现的对枪支的认识错误问题。具体而言就是当事人认为其所买卖持有的枪支是玩具枪，但在客观上却是法律上禁止个人持有的枪支。

其中最典型的例子莫过于天津的赵某案，在 51 岁的赵某街头摆的射击摊上的 6 支枪形物被鉴定为枪支，一审法院后以非法持有枪支罪判处赵某有期徒刑 3 年 6 个月。赵某不服，提起上诉，但二审法院仍然认为赵某构成犯罪，只是改判赵某有期徒刑 3 年，缓刑 3 年。

长期以来，司法部门在处理涉枪案件时，一直存在这种客观主义的唯数额论、唯焦耳论的倾向，而忽视中国传统法律思想的一个重要观念，那就是不知者不为罪。

因此，这个《枪支批复》值得鼓励，只是它姗姗来迟。

不知者不为罪，也即罪过原则——无罪过不为罪，是我国刑法最基本的刑法理论，但是它常常被人遗忘。

**客观归罪是法治不发达的产物。**人类早期的刑法充满原始复仇的自然正义观念，基本上是根据客观损害结果来决定对行为人的处罚，丝毫不考虑主观罪过。这种客观归罪甚至会迁怒到无生命的物质。相传公元前 480 年，波斯王薛西斯（Xerxes）大举进攻希腊，大军行至赫勒斯邦海峡（今称达达尼尔海峡），薛西斯下令架桥。两座索桥很快被架好，不料突然狂风大作，把桥吹断。薛西斯大怒，不但杀掉了造桥工匠，还命令把铁索扔进海里，说是要把大海锁住，同时命人用鞭子痛击海水 300 下，惩戒大海阻止他前进的罪过。类似举动在人们的婴幼儿时期也常有发生，当蹒跚学步的孩子跌倒在地，他首先想到的是地板的错，如果大人也象征性地打一下地板，孩子就会转哭为笑。

**我国当前的刑法既非客观主义，也非主观主义，而是主客观相统一，认定犯罪，既要考虑客观上的行为，也要考虑主观上的罪过。**

在主观罪过中，行为人的认识错误有时可以排除故意，如想杀猪却误杀人（杀猪案），这就无论如何也不构成故意杀人罪。

当然，对枪支的认识错误是一种非常特别的认识错误。在德国刑法理论中这属于归类性错误。

首先，归类性错误不同于单纯的事实认识错误。在单纯的事实认识错误中，行为人并不存在价值观的混乱，他只是主观上对一个纯粹的事实出现了误认。比如，在杀猪案中，行为人把人当成了猪。

但在归类性错误中，行为人却出现了评价的错误。比如，行为人贩卖某影星艳照，他却真诚地认为这是艺术品，在他的评价中，他所贩卖的是艺术品，而非淫秽物品。

其次，归类性错误不是禁止性错误，禁止性错误是对某种行为是否为法律所禁止出现的误解，而不是对客观事实规范属性的误解。错误地认为上面说的"艺术品"不属于淫秽物品，这不是禁止性错误，而误认为"贩卖淫秽物品"属于立法者所容忍的"雅癖"，这才是禁止性错误。

归类性错误是一种介于单纯的事实认识错误和禁止性错误之间的错误。因此，它的处理原则非常特别。

换言之，对此错误不能按照单纯的事实认识错误，只根据行为人主观立场进行归责。在单纯的事实错误中，只要行为人真诚地认为他在杀猪，没有杀人，那就可以排除故意杀人罪的罪过。此外，也不能按照禁止性错误那样，认为行为人对法律的认识错误一般都不影响其故意的成立。

归类性错误是一种评价性错误，一般应当遵循"在外行领域的平行性判断"，根据社会主流的价值观念，按照一般人的观念进行判断。这种价值观不是行为人的价值观，也不是法律强推的价值观，而是道德生活所赋予的一般人之价值观。

日本有过类似判例，虽然法律对某种概念有过规定，但行为人却对事物的概念归属产生了错误，如著名的"狸、貉事件"和"鼹鼠事件"。在日本的《狩猎法》中，狸和鼹鼠都是被禁止捕获的保护动物，但行为人却对某种动物的归属产生了错误认识。在"狸、貉事件"中，行为人误认为当地通称为"貉"的动物与狸不同而加以捕获，但当地人大多都持这种见解。而在"鼹鼠事件"中，行为人不知道当地称为

"貘玛"的动物就是"鼹鼠",而当地人一般都知道"貘玛"就是"鼹鼠"。在第一个案件中,被告被判没有故意,不成立犯罪。而在第二个案件中,法官却认为被告成立故意犯罪。显然,这两个案件中的认识错误都是归类性错误,应当根据社会一般观念进行判断。在第一个案件中,行为人的认识没有偏离社会一般观念,故不成立故意,而在第二个案件中,行为人的认识有违社会一般观念,故不能排除犯罪故意的成立。

在我国司法实践中,归类性错误比比皆是,如购买宠物禽鸟,但却不知此鸟是法律意义上的珍稀鸟类。再如,随手采摘葡萄,不料此葡萄为科研用葡萄,价值连城,卖肾都赔不起。对此类案件,都应该和对枪支的认识错误一样,看社会一般人能否出现误判,如果你我普罗大众都会出现认识错误,那自然就可否定犯罪的故意。

**司法实践中有些司法机关习惯性地认为,民众必须接受法律所推行的价值观,而忘记了法律的价值观本身来源于民众朴素的道德期待。**法律只是道德的载体,权力意志不能任意产生道德法则,道德在法律之上,法律及立法者的意志在道德之下。法律的超验权威不是人的理性所创造的,而是写在历史、文化、传统和习俗中,写在活生生的社会生活之中。

法律本身应当有其超验的根源，因此立法者的意志并非最高意志，在其上至少还有道德的源头，政府并非最高道德权威的化身。一如保守主义大师斯蒂芬所告诫我们的：任何法律制度都注定存在缺陷，"人们的愚蠢、软弱和无知，在所有人类制度中都留有深深的烙印，就像其他任何时代和地点一样，他们现在仍然清晰可见"。作为法律源头的道德是对法律权威的一种必要限制。

因此，刑法的合理性不是来自形而上学的推理，而是来自它所服务的道德观念。还是斯蒂芬的话，他说：在任何情况下，立法都要适应一国当时的道德水准。如果社会没有毫不含糊地普遍谴责某事，那么你不可能对它进行惩罚，不然必会"引起严重的虚伪和公愤"。公正的法律惩罚必须取得在道德上占压倒优势的多数的支持，因为"法律不可能比它的民族更优秀，尽管它能够随着标准的提升而日趋严谨"。①

**无论如何，为《枪支批复》点赞，法律永远要谦卑地倾听民众的道德诉求。**

---

① ［英］詹姆斯·斯蒂芬：《自由·平等·博爱》，冯克利、杨日鹏译，江西人民出版社 2016 年版，第 111、176 页。

# 一朝犯罪是否终身受制

## ——争议中的美国性犯罪登记公告制度

20 世纪后期，美国开展了轰轰烈烈的性犯罪法律改革运动。其中，争议最大的莫过于美根法案。该法案制定后引起了轩然大波，其对我国的性犯罪法律制度的建设不无启发意义。1989 年，美国一位 11 岁的小男孩被绑架，一直生死未卜。经媒体报道，该案引起了人们的极大恐慌，美国国会于 1994 年通过《反儿童伤害和性暴力犯罪登记法案》（以下简称《登记法案》），规定性犯罪者在假释或缓刑后，应当向所在地警察局登记。法案颁布不久，新泽西州又发命案，一名 7 岁的小女孩美根在家附近被人奸杀，经查明犯罪者是一名有着两次对儿童性侵害前科的刚获假释者。这促使该州立即通过法案，把性犯罪者分为 4 级，由法庭根据犯罪者之危险性决定其级别。1995 年，美国国会对《登记法案》进行修正，规定民众对于社区附近释放的罪犯有知情权，性犯罪者的登记资料应当向社区公告，否则将减少 10% 的联邦司法辅助资金，这就是所谓的美根法案。其主旨在于，由于性犯罪者的再犯率很高，因此国家有义务将这些潜在的危险告诉公众，以使公众及早防范犯罪。在此背景下，1996 年 8 月，美国总统克林顿宣布建立全国性犯罪者档案，规定由联邦政府统筹管理性犯罪者资料，实现各州资料的流通。至 1997 年，全美 50 个州都制定了类似法案。各州的做法虽然不同，但总体上可以归结为两种方式：（1）登记制。这种做法一般是要求性犯罪者在出狱后一定时间内向警察局报告，并提供姓名和住址、前科记录、指纹、相片甚至血液样本等身份资料。这些资料最后会送至联邦调查局，以建立全国性犯罪者档案。如果没有登记，则可解除假释或缓刑。有些州规定这种登记是终身制的，但有些州则规定为 10 年、15 年或者 20 年不等。少数州规定，如果犯罪者能向法院提出证据表明自己没有再犯或不具有再犯能力可解除登记。各州对犯罪者的登记义务规定不太相同，有些州规定的义务十分严苛，如路易斯安那州要求犯罪者不仅要向执法部门报告，还要向学校校长甚至方圆 1 英里的住户通知。另外，犯罪者还应自费在 30 天内以邮寄的方式通知指定区域的居民，并同时在报纸上公告两次，提醒民众注意自己是性犯罪者。法院也可要求犯罪者以其他方式如举牌、发送传单、衣服标示等方式告知公众。（2）社区公告制。这种规定要求中央登记处将收集到的犯罪者资料，由指定的人员按规定向社区公告。有些州规定犯罪者所登记的资料是保密的，只限于执法机构或与儿童有关的机构如学校使用。还有的州规定，只有当居民或特定单位申请查询时，才能提供犯罪者资料。但也有些州甚至规定可以完全向民众公开，民众可通过免费电话或者上网进行查询。例如，密歇根州在1999年2月就把所有犯罪者的资料在互联网上公布，鼓励民众查询。美根法案虽然有控制犯罪的实际作用，但自实施以来引发了重大争议，按美国学者克合的归纳，这涉及两类问题。

　　一是有关犯罪登记公告"是否为刑罚"的争议。美根法案触动了一系列的宪法和刑法基本原则的问题。按照美国宪法规定，不得制定追溯既往行为之法律，并且不能因同一罪行对人进行两次处罚。另外，禁止制定残忍异常的刑罚。那么，美根法案是否违背了这些基本原则呢？对于这些争议，法院一般是通过考察美根法案所规定的登记公告制度是否属于刑罚进行判断认定。如果被认定是刑罚，则有违宪之虞。但多数法院都认为，美根法案所规定的制度是对犯罪人治疗性的行政措施，而并非惩罚性的刑罚措施，因此也就不存在违宪问题。但是有少数法院认为，虽然美根法案的本义是行政措施，但其具体制度具有刑罚性。因为登记公告制度是由刑事判决所引发的，而且有羞辱犯罪人之嫌，因此至少违背法律所规定的禁止溯及既往和"一事不二罚"原则。至于是否属于残忍异常的刑罚，这些法院则认为，登记公告制度符合法律上的罪刑相当原则，并不违宪。

二是与"是否为刑罚"无关的争议，主要包括美根法案是否违背了美国宪法所规定的隐私权、迁徙权保护条款以及正当程序条款。对于第一个争议，多数法院根据利益衡量的原则认为，虽然犯罪人的隐私权和迁徙权在客观上受到了限制，但是这种限制是为了公众利益，而这种公众利益应当高于犯罪人的个人利益。值得注意的是，有些法院在处理涉及迁徙权争议的案件时指出，虽然客观上犯罪人的迁徙权受到了限制，但是这种限制主要来自民众的干涉，而并非来自政府的干涉，因此并不违宪。对于第二个争议，多数法院认为这属于程序性问题，虽然登记公告程序与刑罚无关，但是这毕竟侵犯了性罪犯的个人权利，因此也要符合正当程序。所以性犯罪者有要求听证的权利，通过听证会的形式来决定是否对其适用美根法案的规定。考虑到美根法案引发了众多争讼，美国联邦最高法院于 1998 年 2 月决定暂不受理这种案件。犯罪者尤其是性犯罪者的高再犯率在某种意义上是一个全球性的问题。如何在矫正罪犯和减少再犯率之间取得平衡，如何在预防犯罪前提下也尊重犯罪人的尊严，也许是美根法案给我们提出的问题，这个问题至少在今天还没有答案。

# 何谓榜样

# 纪念一只越狱未遂的鹦鹉

我曾经养过一只鹦鹉，后来这只鹦鹉越狱未遂，绝食而死。

这几天，因为一些讨论，我又想起了这只鹦鹉。

鹦鹉名叫"小米"，纯黄色，小巧秀丽，是一只非常普通的虎皮鹦鹉，并不值钱，也不会说话，生来就是做宠物的。它本是邻居所养，但后来邻居家又养了一只猫，添了一只狗，所以把这只鸟送给我，同时还搭送了一个鸟笼。

我觉得这种普通的竹制鸟笼太小太俗气，于是花了一百多块钱买了一只仿铜的大鸟笼。让小米从逼仄的"一居室"搬到了"大两居"。每天我会给它喂食、清理，有时还会给它吃有机的小米。它应该很喜欢我，每次我看书喝茶的时候，小米都会蹦蹦跳跳，叽叽喳喳。

一天午休的时候，我突然听到客厅里有很大的动静，扑哧扑哧的响动声，时断时续。不会是进了一只大虫子吧？我从床上一跃而起，走到客厅。吓我一跳，原来小米飞了出来。

我尝试抓住它。虽然在一个密闭的环境，但是想要捉住一只会飞的小鸟，还是很不容易。我越想捉住它，它越是拼命躲闪扑腾。后来，小米飞累了，掉在客厅的角落。我轻轻地把它捡起来，不料它用钩子一般的鸟嘴狠狠地咬住我的手，差点咬出血来。

我把小米重新放进鸟笼，然后仔细检查了一番。发现鸟笼顶端的栅栏间距太大，小米很可能是从这钻出来的。于是，我在顶部的栅栏上又缠了许多铜线。心想，这下它肯定逃不出来了。

后来小米居然又两次飞了出来，有一次还是半夜。

但是，最后都被我抓了回去。

从小米第一次飞出鸟笼，我明显发现一个变化，那就是它不怎么吃东西了。无论我怎么逗它，它都好像失去了往日的光彩。它每天最常见的举动就是不断地用头往每一个栅栏间距中钻，试图再次飞出牢笼。

我真的想把它放了。因为我知道，一个品尝过自由滋味的小鸟，你再也无法把它关在笼中。

但是，我担心一旦把它放飞，它很难存活。它可生来就是宠物，从未在自然环境中生活过。外面那么的危险，小区里光流浪猫就有数十只。

所以，我决定给它换一只鸟笼。

大鸟笼不适合它，处处都有越狱的机会。

以前那只鸟笼已经被我扔了，所以我又在淘宝上订了一个新的竹制小鸟笼，3天后到。

为了防止小米在这期间逃跑，我用塑料袋把鸟笼包了起来，只在鸟笼的最上部挖了几个透气的小洞。但是，小米居然把塑料袋都给啄破了。于是，除了透气孔以外，其他所有的地方我都用浴巾把鸟笼包住。

小米被关进了小黑屋，这下它是绝对飞不出去了。

每天我会两次给小米喂食换水，但是它根本不吃不喝。

当新鸟笼送来的那一天，小米死了。

我很难过，也很后悔，后悔当时没有放飞小米。

我时常想起小米，因为这个小小的生灵告诉我，自由比安全更可贵。

大学期间，有两部影片我非常喜欢，看过多遍。一部是《勇敢的心》，一部是《肖申克的救赎》。在我看来，这两部影片比绝大多数法学专著对我的影响更大。

我经常想起《勇敢的心》结尾时主人公临刑前呐喊："Freedom！"这个呐喊时常提醒我人生的意义。而《肖申克的救赎》中的经典对白更是让我泪流满面：有些鸟儿是永远关不住的，因为它们的每一片羽翼上都沾满了自由的光辉！

纪念这只追求自由的鹦鹉！

# 何谓榜样

各位同学、各位老师，大家晚上好：

作为教师代表在此发言，我感到非常荣幸，也非常惶恐。我似乎回到我的大学时光。那时，每次颁奖典礼，我总是坐在礼堂的角落，看台上星光灿烂，心里暗自神伤，心想自己何日也能得到荣誉。所以，见到各位这么多的榜样，我有点感慨自己学生年代的庸碌无为。

关于榜样，我有三点体会和大家分享。

**首先，我想对没有获奖的同学说，榜样是可以复制的。**在中文中，还有一个词和"榜样"读音类似，叫作"版样"。我是湖南人，区分不了前后鼻音。所以，在我看来，两者都是一样的。版样就是印刷的模板，如印钞票，就需要一个货币的"版样"。无论是作为人们效仿的"榜样"，还是印刷钞票的"版样"，它们的性质都是一样的，都具有可复制性，可以批量生产。如果一个榜样，不能复制，那他只可能是天才或者奇迹。中央电视台每年都会搞一个十大经济人物的评比。当然，很多人物评出来之后就被抓了。而每年选出来的，不是达官显贵，就是"公主、贝勒"，这可能就不是榜样，因为它的复制性不强。如果大家哪天可以选上，那可能就是奇迹了。当然，有时候，奇迹还是会出现的。不管你信不信，反正我是信了。

所以，对于没有成为榜样的同学们而言，不要灰心，也不要像我当年那样暗自神伤，羡慕嫉妒恨。你要相信，这些榜样都是可以复制的，只要你努力，明年你也是榜样。

**其次，我想对获奖的同学说，榜样是必然会腐朽的。**无论是"榜"，还是"样"，它都是"木"字旁，这提醒我们，榜样是会朽坏的。无论是何种"榜样"，何种"楷模"，都如草上之花，草必枯干，花必凋败。也许是给各位泼凉水，今天在颁奖晚会上，你获得了表彰，你感到非常开心，但这种幸福感不久就会消失，也许明天早上一起床，这种幸福感就没了，有的只是空虚。

那么，如何让这种幸福感持续呢？有人会说，我要加倍努力，争取获得更多的荣誉，不再满足于"榜样法大"，要成为"榜样中国""榜样世界"，不断追求荣誉的高峰。但往往这样的人却容易摔得粉身碎骨。

让幸福感持续的唯一方法就是以感恩的心、谦卑的心接受一切成功与失败。

同学们获得荣誉，要感谢很多人。写出优秀的学术论文，要感谢图书馆的丰富资料，感谢食堂的饭菜没有地沟油、瘦肉精，感谢你宿舍的同学在睡觉时还忍受你敲击键盘的声音，甚至要感谢和你发生口角，进而动粗的同学，他让你灵机一动，想出了这样的选题：激情状态与刑事责任。

但是，你唯一不能感谢的就是你自己。如果你认为是你自己的才干、智慧让你获得了成功，那你注定不会幸福。因为这样的你在成功时，你会目空一切、狂妄自大，在得意中自我毁灭；在失败时，你会自怨自艾、愤怒嫉妒，甚至自寻短见。

一个朋友说，一瓶饮料，便利店里3元，饭店30元。一个人的价值取决于他所在的位置。我认为这是错误的：一个人的价值在于他处于高位，成为30元的水，而他自知自己本就是便利店里3元一瓶的水。

**最后，我想对所有的人说，真正的榜样不在这台上，它在我们的内心，也就是我们与生俱来的道德良知。**良知才是最好的榜样。法律要追求公平和正义，而良知也是公平和正义的尺度。

顺从良知的呼召，做一个真实的人，无论在顺境和困境，都能彰显人性的光辉，克制人性的幽暗，一个行在光明之中的光明之子才是真正的榜样。

一个卓越的法大人，并不取决于你的知识、财富、官职，而取决于你是否坚守了良知的底线。

（本文是笔者 2011 年"榜样法大"颁奖典礼的致辞。现场听过这个致辞的同学估计现在很多都事业有成，但不知是否还在向真正的榜样学习）

# 下　跪

　　那时，我只是一个学生，无权无势，但却做梦也没有想到有人向我下跪。

　　那是多年前的一个中午，我刚从××商场的美食城出来，走上人行天桥，凛冽的寒风在我暴露的皮肤上肆虐。突然我看见前面有一位满头银发的老妪不停地向人打躬作揖，而路人纷纷掩鼻而走。估计又是一个乞丐，我正在这么想着，老人却向我走来。我摸了摸口袋中的硬币，心想也许又是一个骗子。我几乎都能猜到她会说些什么，无非是来京访亲，找不到人了，好些天没有吃饭了等引人入套的话。我做好了用几个钢镚将她打发的准备，不料老人却用地道的河南话对我说，"同志，××区司法援助中心怎么走？"喔，原来只是问路，我笑了笑，感觉自己有点神经过敏。"对不起，我也不知道。"我感到有些不好意思，但自己确实不知那个援助中心在哪儿。老人朝我点了点头，又向旁边一个路人询问，但对方却并未理睬这个貌似乞丐的老人。我禁不住又打量了一下老人，她估摸60多岁，带着数个破破烂烂的编织袋和一个陈旧的黑色旅行袋，袋子旁还用玻璃绳子拴着一个破水杯。又是一个上访者，我心里一阵难受，对老人说："您别急，我帮您打电话问一问。"我用手机给查号台打了电话，在现代科技的帮助下，很快问到了援助中心的地址——××路×号。这时老人突然扑通给我跪下，泣不成声地对我说："你是个好人。"天啊，仅仅是问个路，一个六旬开外的老人居然向我下跪。

我的眼睛有点湿润，慌忙把老人扶起。她只是一个劲地对我说"你是个好人，你是个好人"。我给她指了指援助中心的方向，告诉她该怎么坐车。老人从贴身的内衣中小心翼翼地掏出个皱巴巴的信封，颤巍巍地记下了地址。我本想迅速撤离这个让人压抑的天桥，可又觉得即使指明方向、地址，但对这个在北京人生地不熟的老人来说，要想找到那个连我都不易找到的援助中心无疑是大海捞针。于是我决定带她去，不料就为这她再次向我下跪，我措手不及，只能一手提起了她那像垃圾一样的编织袋，一手把她扶起。

在去往目的地的出租车上，老人告诉我，她是河南南阳人，今天早上刚到北京，为了找援助中心，已经徒步走了4个多小时。她问了问我的身份，当我告诉她我还是学生时，她又一次哭了，哽咽地说道："如果不是家里穷的话，我那儿子现在也是大学生，也就不会遭这个罪了。"原来他的儿子是油漆工，两年前来京打工。一天深夜，她儿子骑着自行车，带着铁桶和毛笔正往家赶，突然被几个巡逻的警察二话不说地抓了起来，还来不及申辩就被关进了监房。过了20多天，事情总算是弄清了，孩子的清白也得到了证明，但他的手指却受了重伤，而且精神彻底崩溃，成了疯子。想象一下吧，一个来北京寻求希望、身心健康的年轻人，在毫无过错的情况下，莫名其妙地深陷囹圄，没有任何反抗、任何辩解的机会，最终成了一个废人。

若老人所言属实，"法律面前人人平等"在此事面前是何等的苍白，一个打工者，仅仅因为穿着寒碜就会被怀疑为嫌疑分子，而那些开着"大奔"、西装革履却暗地里做着违法勾当的"款爷"就能理所当然地避免这样的"天灾人祸"，甚至还会备受尊敬。难道我们的法律中有"以衣着和相貌"这样的定罪原则吗？"人生而自由，却无往不在枷锁之中。"我感到了人类的渺小，感到了法律的悲哀，"相信法律吧！"这就是我，一个研读法律近10年的人对她唯一能说的话。

到了援助中心，我执意要陪她上去，但老人对我鞠了鞠躬，说已经很感谢我了，让我不要上去，她说我还年轻，不要介入这种可能影响将来前途的事情。

我走了，想着老人的话，突然感觉自己是多么的卑微、多么的懦弱，感到自己曾经奋笔疾书的有关法律精神的探讨是多么的可笑、多么的幼稚。

深夜，我又想起了这位老人，不知在这寒冷的冬夜里，她栖身何处？

（本文是笔者 2003 年所写，当时用网名发表在 BBS 上，因网名比较阴柔，后被人取名为《一个女大学生的日记》，"吸睛"甚广）

# 狂人罗大拿的故事

今天要讲一个罗姓大拿的故事，狂人中的狂人。

大拿当然不是我，他的名字叫作伯特兰·罗素。

"罗姓"的大人物还真是不少，像罗伯斯庇尔、罗尔斯、罗伯特·李等，找机会以后都可以聊聊。

说起罗素，估计无人不知。他是英国著名的哲学家、数学家，1950 年被授予诺贝尔文学奖（非常有趣的是，诺贝尔奖项中不包括哲学奖和数学奖，所以有不少伟大的哲学家获得的都是诺贝尔文学奖，如罗素同时代的法国大哲学家伯格森）。

从很多角度来说，罗素都是成功人士中的成功人士。

罗素出身豪门，他的祖父是第一代罗素伯爵，曾两次出任英国首相，被维多利亚女王封为伯爵。罗素的父母思想进步，但是颇受争议。两岁的时候，年幼的罗素就失去了母亲与姐姐，两年后他的父亲也撒手人寰。罗素的父母在遗嘱中委托一些自由的思想家，如约翰·穆勒抚育他的孩子。但最终养育罗素的还是他思想保守的祖父母。

他可能是活得最长的哲学家（1872 ~ 1970 年），在世存活近百年。在其漫长的一生中，著述等身。据不完全统计，他至少有 68 种著作。所涉学科之广，令人咋舌。除此以外，他还在报纸杂志上发表了大量的文章，几乎包含你所能想象到的所有话题：唇膏的用法，旅游的礼仪，雪茄的选择，等等。

罗素酷爱写作。据说一个最大的原因在于他发现写作于他易如反掌，而且可以靠此获得丰厚的收入。他每天清晨要出去独自散步一个小时，构思出一天所要写的东西，回来之后用早上余下的时间进行写作。他下笔非常轻松愉快，没有丝毫的修改。这种令罗素惬意的活动也为他带来了巨大的经济收入，他把每一笔发表的作品和在电台上录节目的酬金都一一记在小笔记本上，放在贴身的口袋里面，不时拿出来看看，并称之为"最有益的消遣"。①

罗素也是一位世界级的导师，几乎就所有的重大问题向人类发表意见。比如，中国问题，美苏关系，核裁军，和平主义，性道德，等等。五四运动之后，罗素应梁启超之邀来中国讲学，给中国留下著名的五大演讲，后来结集出版，名曰《中国问题》。虽然中国人对罗素景仰有加，但对其观点

---

① ［英］保罗·约翰逊：《知识分子》，杨正润等译，江苏人民出版社1999 年版，第 256 页。

不冷不热，这让罗素对中国之行非常失望。20世纪对于全世界的大多数人而言，罗素几乎成了哲学家的典范。哲学是什么？人们的回答是：就是罗素口中所谈的那些事。

你羡慕罗素的一生吗？

**说实话，我不羡慕。很多时候，我把他当成人生的反面教员。**

有人曾问罗素："人生的意义为何？"

他觉得这个问题毫无意义，非常无聊。

在他的自传中，他认为自己之所以活着，有三个动力：对爱情的渴望，对知识的追求，对人类苦难不可遏制的同情心。

然而，我看到的却是一个极其自恋、极其空虚的可怜生命。

**对爱情的渴望，让罗素处处留情。**罗素结过4次婚，一生绯闻不断，当时纽约城市大学以道德不胜任教职为由将其解聘。罗素认为，道德的束缚是人类不幸的根源。罗素的爱充满着对他人的利用，他爱的只是自己。他的空虚需要从一个又一个的女人身上获得满足，但却永远无法满足。

罗素1950年获得诺贝尔文学奖，获奖作品为《婚姻和道德》。获奖词中，称赞罗素"为人类的道德文化做出了贡献。"可笑的是，在婚姻和私生活上，罗素恰恰抛弃了道德，从没有放弃过任何机会染指遇见的任何一个女人，甚至包括他的学生——1948 年诺贝尔文学奖获得者、诗人艾略特的妻子。除了数不清的情妇以外，罗素的受害者们还包括大量身份卑微的人：家庭女仆、保姆，或是经过屋子的随便哪位年轻、漂亮的女性。罗素的研究者说他有充分的证据证明罗素不顾高龄，仍在追逐他遇到的每一个穿裙子的人，他干这类事臭名远扬，甚至还不是背着妻子，而是就在她的眼前，当着那些他屋里客人的面。①

**对知识的渴望，让罗素著述等身，但知识带给他的是更多的骄傲，更多的自恋。**知识常常让人自高自大，罗素可谓一个典范。因为知识，罗素觉得可以对人类的一切事物说话。在 20 世纪 60 年代，罗素的伦敦总部变得像一个微型的外交部，他发过不计其数的信件和电报给各国总理和国家首脑，当这些信件越来越长，越来越频繁，没有节制时，他收到的回复也就越来越少，这往往让他怒火中烧。

罗素是一位好斗的"勇士"，他几乎批评他本人以外的一切人。当他被激怒时，他对不赞同自己观点的人义愤填膺，凭一时之冲动脱口就骂，很多时候指控毫无逻辑，完全

① ［英］保罗·约翰逊：《知识分子》，杨正润等译，江苏人民出版社1999 年版，第 287 页。

忘记他本是"逻辑大师"。"二战"后，他认为苏联和纳粹一样坏，甚至比纳粹还要坏。但是没过多久，他又不再反苏，开始反美。他就核裁军问题同时去信给赫鲁晓夫和艾森豪威尔，收到前者的亲笔回信，但是没有收到后者的回信，于是他变得极端反美。他认为肯尼迪比希特勒大概坏50倍，肯尼迪和麦克米伦（当时的英国首相）是人类有史以来最邪恶的人……①

**对人类苦难不可遏制的同情心，让罗素不停地从事社会活动。但他爱人类，不爱具体的人。**因为抽象的人类只是一种完美的概念，它总是可爱的，对概念的爱只需投入脑力，但对具体的人的爱则需投入真实的感情。每一个具体的人都不完美，都有可鄙之处。一个人越是陷入对抽象人类的爱，就越是厌恶真正具体的人。

尽管罗素热爱民众，并为他们的苦难而痛苦，但他依旧远离他们，因为他身上有贵族气质，同普通人缺乏联系。罗素养尊处优惯了，很少有比罗素更远离社会现实的人，他几乎不会操作最简单的机器装置，也不会从事任何日常事务，即便再娇生惯养的人也不可能像罗素那样缺乏基本的生活技

---

① ［英］保罗·约翰逊：《知识分子》，杨正润等译，江苏人民出版社1999年版，第287页。

能。他爱喝茶，却不会煮茶，当他的第三任妻子皮特不得不外出时，她要在厨房的石板上留言，告诉罗素如何烧水煮茶："提起炊具上的衬垫，把壶放到加热板上，然后等水开，然后把水从水壶倒在茶壶里。"但是，在这般详细的提示之下，罗素还是失败了。

罗素主张人人平等，但是他从未放弃过自己伯爵的头衔。尤其当这种头衔能够为他带来好处时。罗素也主张男女平等。他认为男女都应该有完全的性自由，他严厉批评了当作传统美德流传的清规戒律以及人类自我牺牲的种种理论。但这种鼓吹女性解放的女权主义论调，似乎给了罗素更大的自由去拈花惹草。

有一部美国法学院学生的必看片——《魔鬼代言人》。在影片的结尾，魔鬼说了一句意味深长的话，"虚荣，无疑是我最爱的罪"。这句话也许可以作为罗素一生的总结。

罗素的人生，你羡慕吗？

# 伟大的梦想依然在心中

## ——纪念马丁·路德·金辞世五十周年

2018 年 4 月 4 日是民权领袖马丁·路德·金牧师辞世 50 周年。

1968 年 4 月 4 日，金博士在洛兰汽车旅馆（Lorraine Motel）遇刺身亡，终年 39 岁。

在遇刺前一日的晚上，金博士在孟菲斯迈森会堂（Bishop Charles J. Mason Temple）做了人生中最后一次演讲。

在这次演讲中，他已经预见到自己的命运。

他说：人生最痛苦的事莫过于不断努力而梦想永远无法实现，而我们的人生正是如此。很多时候，我们不得不直面理想落空的现实。

"人生就是一个梦想不断破灭的过程。圣雄甘地几十年鞠躬尽瘁为印度人民争取独立，但是最后遇刺身亡，带着遗憾离开了人间。他梦想看到的统一国家最终由于宗教纷争而一分为二。"

"每个人都在以自己的方式建造圣殿——我们中的一些

人非常努力要建造一座和平的圣殿。我们反对战争，抗议示威，但是这样做，似乎是在以头撞墙，完全是徒劳。很多时候——你形单影只，心灰意冷，迷茫困惑。"①

但，这就是人生。

然而，金博士听到了时间长廊另一端的一个声音："也许今天无法实现，明天也不能，重要的是它在你的心里。重要的是，你一直在努力。"②

**重要的是梦想始终在你的心里。**

金博士预见了自己的命定，他清楚地知道自己面临着生命的危险，无法在有生之年看到民权运动结出的硕果。

他说他已经站在高山之巅，一如当年带领以色列人出埃及的摩西。他看到了伟大的"应许之地"，虽然他自己无法前往。

在这最后一次演讲中，金博士提及自己的死亡。

他说："我常常想到自己的死，想到自己的葬礼——我常常对自己说，我希望人们怎么评价我呢?"

"希望人们会说：'我曾经努力去爱，为人类奉献了自己'。"

---

① ［美］马丁·路德·金：《马丁·路德·金自传》，克莱伯恩·卡森编，江西人民出版社 2009 年版，第 321～322 页。

② ［美］马丁·路德·金：《马丁·路德·金自传》，克莱伯恩·卡森编，江西人民出版社 2009 年版，第 321～322 页。

"希望人们会说：'我是为了公正而奏响的音符……所有其他表面的事都不重要，我不留钱在身后，也没有奢侈的生活品，我只想留下我为之奋斗忠诚的一生'。"

"如果能够帮助身边的人，如果能有一句话和一首歌使他们快乐，如果能告诉有些人他们选择的路是错的，我就没有虚度此生……"①

作为中国人，我们大多数人对金博士的熟悉始于他那篇著名的演讲——《我有一个梦想》。

很多人在学习英语的时候，都曾经背诵过这篇演讲。作为"英语渣"的我也曾经背过，但从来没有成功。

然而，我记住了金博士引用的一句话：

"唯愿公平如大水滚滚，使公义如江河滔滔。"

在金博士最著名的书信之一——《伯明翰监狱的来信》中，他再次引用了这句话。

在这封书信中，金博士提醒我们：有史以来，享有特权的群体，很难自愿放弃他们的特权，个别人还有可能看到道德之光，然后主动放弃他们不公正的行为。但是群体不如个人讲道德。

---

① ［美］马丁·路德·金：《马丁·路德·金自传》，克莱伯恩·卡森编，江西人民出版社 2009 年版，第 321 页。

金博士因为倡导非暴力不抵抗运动而入狱，当人们指责金博士故意犯法时，他的回复是："事实上有公正的法律和不公正法律，我坚决主张服从公正的法律，这不仅是法律责任，也是道德责任；相反，每个人都有道德责任，拒绝服从不公正的法律。一如奥古斯丁所言，不公正的法律根本不是法律。"

那么，如何区分这两种法律呢？金博士使用了托马斯·阿奎纳的回答："不公正的法律是人制定的，但与永恒的自然法相违背。任何贬低人性尊严的法律都是不公正的。"

金博士提醒我们：人们应当铭记在心的是，希特勒在德国所作所为尽都"合法"，而匈牙利自由战士的行为全是"非法"，在希特勒统治下的德国，帮助和安慰犹太人是不合法的。但是，金博士说，如果他活在当时的德国，他一定会帮助和安慰犹太兄弟。①

金博士非常喜欢"好撒玛利亚人的故事"。在人生最后一次演讲中，他再次提起了这个故事。

"有一个犹太人从耶路撒冷到耶利哥去，落在强盗手中。他们剥去他的衣裳，把他打个半死，就丢下他走了。偶然有一个祭司从这条路下来，看见他，就从那边过去了。又有一

---

① ［美］马丁·路德·金：《马丁·路德·金自传》，克莱伯恩·卡森编，江西人民出版社2009年版，第181~184页。

个利未人来到这地方，看见他，也照样从那边过去了。唯有一个撒玛利亚人行路来到那里，看见他，就动了慈心，上前用油和酒倒在他的伤处，包裹好了，扶他骑上自己的牲口，带到店里去照应他。第二天，拿出二钱银子来交给店主说：'你且照应他，此外所费用的，我回来必还你。'……"①

　　撒玛利亚人和犹太人是死对头，祭司是犹太人中的宗教领袖，利未人则是宗教精英，但是最后施以援手却是为犹太人所极为不齿的外邦"杂种"。想象一下，"二战"期间，一个中国士兵倒在地上，国军将领从旁边经过，爱国学生也经行此地，但都没有施救，最后救助士兵的是一个日本人。这个故事会不会让你震惊？

　　有人考证，在故事中，从耶路撒冷到耶利哥的路途非常危险，被称为"死亡之隘"。匪徒出没频繁，也有许多"专业碰瓷者"，地上躺着的人很有可能是强盗的同伙。所以，祭司和利未人着急赶路，没有救助同胞其实也情有可原。

　　因为祭司和利未人首先想到的问题是："如果我停下救这个人，我会怎么样？"

　　但是好撒玛利亚人经过的时候，他反过来问："如果我不停下救这个人，他会怎么样？"

---

　　① 《路加福音》第十章25—37节。

金博士说，这就是我们每天都需要面对的问题。

不要问：如果我停下来帮助这些清洁工，我的工作会怎么样？我是否会失去我的工作、我所拥有的一切？

而要去问："如果我停下帮忙，他们会怎样？"①

马丁·路德·金1964年获得诺贝尔和平奖，这是对所有愿意成为公义乐章即便最微小的一个音符的鼓励，不分是美国音符还是中国音符，是白人音符还是黑人音符。

借用改写金博士《伯明翰监狱的来信》的最后一句话结束：

在不久的将来，洋溢着爱心的手足之情将似灿烂的繁星，以它们最美丽的光辉，照耀我们伟大的中国。

---

① ［美］马丁·路德·金：《马丁·路德·金自传》，克莱伯恩·卡森编，江西人民出版社2009年版，第326~327页。

# 师生之道

一段时间内出了好几起高校教师行为失范的事件，让同为教师的我不禁有许多的感想。

我从小就想成为一名老师。小学作文长大了想干什么，我好像从来没有写过想当科学家，也没有写过想当领导，只写过想当老师。

那时常常引用一句老套的诗词来拔高主题——春蚕到死丝方尽，蜡炬成灰泪始干。后来才知道，这描写的是男女之间的爱情，用来歌颂老师，似乎不太合适。

从小到大，教过我的老师有很多，有的严厉，有的温和，但是我从来没有遇到让我厌恶教师职业的老师。

相反，大部分老师都对我照顾有加，这越来越坚定我从事教师职业的信念。

我们常说天道酬勤，但事实上，人生的许多成就，个人的努力虽然重要，但自己所能决定的其实很少。有许多重要的关头，许多的贵人相助其实是可遇不可求的。所以只能以感恩的心来接受，并希望在自己有能力和有机会时也能够去祝福他人。

中学时，我的班主任是历史老师，他对我帮助很大，让我到如今都酷爱历史。大学时也有很多老师的言行影响了我的"三观"。大一教授文学概论的老师，开启了我对文学真正的热爱，并让我第一次思考与永恒有关的话题。本科期间，"唯二"两篇认真写的论文就有一篇是文学概论的结课论文（还有一篇则是大四的毕业论文）。

另一位老师教授民法，带有浓浓的湘音。很多同学听不懂他的发音，但是我能听懂。从他身上，我学习到有些人真的能够为了信念而不计利害得失，很多时候行动比语言更加重要。

硕士和博士阶段的导师也让我感恩在心。

当年报考博士，成绩公布后我很开心，专业课和面试都是第一名。我给导师打电话，他说那就没问题了。所以，我把找到的工作辞掉，安心等待入学。结果一直没有收到录取通知书。我很纳闷，去问学校的教务。教务老师告诉我，今年政策有变，一个导师只能带一个学生，你所报考的导师已经带了一个保送的学生。所以很遗憾，你被淘汰了。

我去找导师，导师感到非常意外，觉得政策不合理。所以，他写了一封信，让我拿着信去找当时负责的领导。信上只有几句话，其中一句是"我觉得这样做对学生不公平"。

领导看完信后对我说："好吧，那就来读吧！"

过了几天，学校让我去领录取通知书。

其实导师完全可以不帮我，对此我只有心存感恩。

2003 年，我博士二年级，去找导师。因为毕业要发表两篇"核心"。我发表无门，所以找导师帮忙。记得当时在老师办公室，他脸色乌黑，状态很不好。我和老师提及发文之事，他说没问题，"你好好写"，写完之后他会推荐。当时他对我说："罗翔，你现在觉得发文章很重要。但是你到我这个年纪，你会觉得还有很多东西比这更重要。比如，家庭的幸福。"我当时没有听懂老师的话中之意，根本没有想到他身患重病。当时的我甚至觉得他站着说话不腰疼，因为他已经功成名就，而我还一文不名。

一个多月后，文章就见刊了。但我没有想到的是，那是我最后一次见老师，几个月后他就离开人世，终年 46 岁。

我连老师最后一面也没有见上，想想真是难过，最后一次见老师，居然还是找他帮忙发文。

我时常想起我的老师，他在很大程度上改变了我的人生轨迹，也让我知道生命中有比学术和事业更重要的价值。

我后来分配给另外一位导师。这位导师要求很严。当年我写博士论文时，他不时电话督工，有时一个电话能打两个小时。每次我打电话请教问题，他都要挂掉，然后给我回拨过来，他的理由是学生话费有限。有一年大年初二，我在朋友家喝酒聚会，酒兴正浓，结果导师打来电话，说今天已经初二了，年也过得差不多了，该收心写论文了。

这位导师对学术有种孩童般的天真烂漫，经常能够为一个问题和我争得面红耳赤，我有时也毫不客气，一点也不顾忌导师的颜面。现在想想自己还是有点过分。要是我现在的学生用当年我的态度对待本人，我一定会勃然大怒。

毕业之后，导师还时常给我打电话，有时一个问题也要和我讨论很久。当然，他现在不再挂电话回拨，理由是我不再是穷学生了。听说我毕业之初兼职律师，他时常给我介绍案源，想让我赶快发家致富，安心学术。

至于我的硕导，对我帮助也非常之大。能够来大学任教，很大程度是因为硕导的帮助。有时去导师家提着百十元的小礼物，导师都要回赠价值数倍的礼品送给我家长辈。直到现在，老师还经常和我讨论学术问题，鼓励我多写多思考。看着头发花白的老师仍然勤于笔耕，让身为学生的我怎能懈怠？

很多时候，人只能学会感恩地去接受祝福，并把祝福传递给他人。

我时常在想，我能否成为一位传递祝福的老师呢？

最近，南北两所高校都有大学教师的负面报道。一位好友兼同事给我发来这样一段文字：

"对任何国家和社会来说，教师都是重要的职业。可是，作为教师，如果一个人的灵魂真有什么可贵的地方，那必须包含他对自己身份，能力，职责的清醒认识。然而，有时候我会很怀疑我大学时代遇到过的一些老师，他们到底是些什么人。他们大多比我们年长二三十岁，有的颇为儒雅，有的一脸精明，有的似乎仍有'愤青'气质，容易得到年轻人的信任。虽然各自面目不同，他们里面的一些人却都有一种未经反省或者拒绝反省的自恋。那是入戏很深、真真假假的一帮人——他们借着名校的光环，充当'精神资本家'，给年轻人和社会公众放债，拿着实际的好处，剥削欺凌他人的时候面不改色。"

这让我陷入深深的反省——其实我远比自己想象的自恋和道貌岸然。

马丁·路德·金说：我们每个人都在修造圣殿。但无论你是谁，你的生命中都会有一场内心的斗争，每当你想行善，就有一种力量牵扯着你，让你作恶。就像斯蒂文森的小说《化身博士》里所写的，每个人内心都有一个恶的"海德先生"和一个善的"杰基尔博士"。人性充满了矛盾，每当我们有梦想，要建造自己的殿堂，就必须承认这一点。

每当想到自己内心的幽暗，我就在设想：如果我也拥有涉事教师那样的权力、资源和环境，我又会如何对待这些学生呢？我心中的"海德先生"是否会把"杰基尔博士"杀死？

人性的幽暗不仅需要外在的法律制约，还需要内在的德行约束，更需要信念的源力。

不要轻易去相信人性，因为人性就像柏拉图所说，好比一辆两匹马拉的战车，每匹马却朝着不同的方向奔跑。所以我们需要光明的牵引，行在光中，在阳光的照耀下，让人性的黑暗无处可藏。

不知道会不会有一天，我也跌倒，所修筑的圣殿倒塌，但是我希望自己能够再次爬起，重新开始，朝着光明前行，向着标杆直跑。

我的外公也是一位教师，他离开这个世界快 8 年了。他给后世子孙留下了一纸遗嘱，没有多少财产的分配，主要是一些人生建议，其中第一条就是：你当自卑视己，切勿狂妄自大。

每当我看到自己内心的幽暗，我就想起外公的教导，他能让我从虚荣的空中重回大地，也让我意识到自己所得到的一切都并不是自己所配的，白白得来的祝福也应白白地传给他人。

# 道德谴责的
## 打开方式

# 不要轻易向他人抡起道德的杀威棒

江歌一案，舆情汹涌，道德谴责铺天盖地。不少"网络大 V"极尽煽情之能事，把民众的情绪炒到一个新的高度，唾沫星子足以淹死刘某。

也有很多朋友问我对本案的看法，我的初步见解是这只是一个道德问题，很难上升为法律问题，至于有些人认为刘某构成不作为犯罪，这似乎说得有点过头了。

然而，当我对刘某进行道德判断的时候，我不断地反问自己一个问题：在那种情况下，我会不会也如此懦弱？

我很想做一个勇敢的人，但我并不知道当真正的挑战来临的时候，我会不会像自己所想象的甚至所宣称的那般勇敢。

我宁愿永远不要出现这样的挑战，这样我就可以一直陶醉于想象中的勇敢。

我们很容易轻易对他人进行道德上的谴责，因为这能够满足我们想象中的道德优越，甚至可以掩盖我们事实上的道德败坏。最经常指责他人某种道德过错的人，往往自己也深陷其中，无力自拔。习惯指责他人胆小的人，很可能自己懦弱无比；习惯责备他人生活作风不好之人，更有可能在性上放纵堕落；天天在会议上批评他人贪腐之辈，有可能自己也不干净。

人很容易唱高调，因为这不用付出任何代价，反而可以沽名钓誉，掩盖自己的毛病，何乐不为？

但是，动辄站在道德制高点教训他人的人，往往自己是败类中的败类，越高调往往越败坏。只要对历史有基本的熟悉，就不难明白这个道理。

因此，道德的使命首先是自律，而非他律，道德谴责的第一步永远是对自己发出的，我们必须先质问自己，在相似的情景下，我们会如何行为？

社会乱象，根源何在？《伦敦日报》就此议题向作家切斯特顿征稿。

他的回复只有两个字："在我"。

正是因为我们每个人内心的邪恶导致世上一切的罪恶。然而，人总是习惯向他人抡起道德的杀威棒，却很少反躬自省。

老话说，一个手指指向他人，四只手指却指向自己。

我并不是说人们不能够进行道德谴责，而是说当我们进行道德谴责的时候，一定不要把自己先排除在道德判断之外。

道德判断，永远要先己后人。

爱因斯坦说:"真正的问题在于人的心灵与思想……让我们害怕的,不是原子弹的爆炸力量,而是人心的邪恶力量。"

我们每一个人都是问题的一部分。

安徒生有一个非常著名的成人童话,叫作《影子》。故事的梗概是:一个作家总是好奇对面阳台的人家,越是看不到,作家越是想偷窥。有一天,作家的影子轻易投射到对面阳台,影子看到了别人家的一切。后来作家醒来,影子不见了。因为影子长大了,离他而去。再后来影子回来了,杀死了主人,将主人取而代之。

我们每一个人都有一个黑暗的影子,如果我们任由它长大,有一天它会吞噬我们。

如果总是盯着他人的黑暗,而无视自己内心的幽暗,总有一天,你的影子会吞掉你。

不要对人性抱以过高的期待,永远要警惕人性深处的幽暗。法治的前提就是对人性败坏的假设,所以任何人组成的权力机构都要受到法律严格的约束,权力从来就不应被完全信任。

如果抛弃了这个假设,认为人性良善,法治也一定会为人治所取代,对人性美好的假设往往都带来了空前的灾难。

因此,这也是为什么绝大多数国家都很少在法律中规定单纯的"见危不救罪",法律只是对公民最低的道德要求。

刘某的懦弱令人遗憾，值得谴责。

勇敢是一种高贵的品质，但是不勇敢却没有必要如此口诛笔伐，千夫所指，甚至以犯罪论处。

真正的勇敢是要付出代价的，不是敲敲键盘、唱唱高调就可以成为勇士。

愿我们每一个人都能成为真正的勇士。但，愿我们每一个人都不要轻易遇到考验我们勇气的时候。

# 道德谴责的打开方式

前段时间针对某热点案件写了一篇小文章，不料恶评如潮。虽说很多人明显误读了本文，但误解本是人生常态，理解反是稀缺的例外。

当然，我很感谢大家的批评，因为这可以不断让我审视并纠正自己的观点，不断走出个人常态的自恋。

本想不做回复，但觉得这样太过傲慢，如果让很多朋友陷入误解也违背了最初作文的初衷。

促使写作《不要轻易向他人抡起道德的杀威棒》那篇小文的初衷主要是为了批驳某些"网络大 V"的煽情之举。对于借助热点舆情随意进行道德审判，甚至鼓吹血腥暴力，我从来都非常反感。

当然，我非常同情被害人的母亲，也对刘某母女事后的举动极其愤怒。但是，我希望这种人们本能的愤怒不是流于浅表的谩骂，而是可以升华成一种更加积极的力量，既可以真正帮助被害人的母亲，也可以促使自己进行反思。真正的德行并不需要语言上的高言大义，而是要有付出代价的行动来爱人如己。

当然，为了更好地说明上文的观点，有几点要予以申明。

**一、人有无资格进行道德谴责？**

人当然有资格进行道德谴责，只是不要轻易地抡起道德的大棒。

有许多人会误解，既然不要抡起道德大棒，那么对于他人的言行举止，我们都"不要指责"，都应当"宽容"，甚至应当视而不见，保持缄默。

这显然是错误的，如果人无是非对错之分，不分好歹，那么人类社会也就不复存在。

每个人的心中都有一个"理想人"的范例，用柏拉图的术语来说这叫作人的"共相"。这种"理想人"有着高尚、勇敢、知恩图报等诸多美德。

当他人的行为举止严重违反了"理想人"的标准，就会激起我们内心的愤怒。这种愤怒本身是正常的。

虽然有很多人说人的"共相"（"理想人"范例）并不存在，它只是一种假设，但我更愿意相信"共相"不是假设，而是一种客观实在。正如人类无论用任何仪器都无法画出一个完美的圆，但"圆"这个概念是客观存在的。

正是这种"理想人"的范例激起我们的道德意识，也让我们一生可以不断行走在德行之路，高山仰止，虽不能至，心向往之。

有人说，没有什么是绝对的对，也没有什么是绝对的错，所以我们没有资格对他人说三道四。这种"相对主义"的观点是错误的。相对主义告诉人们没有绝对的对错，存在的就是合理的。但这个世界一切的败坏，根源都是相对主义。相对主义让人完全失去了批判罪恶的能力。如果没有绝对对错，那么吃人也就只是一种口味问题，杀人也不过是一种娱乐方式。

因此，人当然有资格进行道德谴责。

**二、人为什么会进行道德谴责？**

那么，人为什么会进行道德谴责呢？动机多种多样，我想至少有如下理由。

1. 我们心中"理想人"范例的召唤。如前所述，有些行为严重违背了关于人的"共相"。基于我们对"理想人"良善的期待，我们会表达出愤怒和谴责。

2. 希望他人改过自新。很多时候，我们之所以谴责他人，一个重要的目的是希望他人可以改过自新。民众之所以对刘某不依不饶，就是希望她能够知恩图报，痛悔己过。很多时候，父母对孩子最大的惩罚就是对其不管不问，任其堕落。当人们出于无伪的爱心对他人发出真诚的批评时，其实还是希望他人可以悔改，而不是任其在堕落中走向毁灭。

3. 自以为是，表达道德优越。不得不承认的是，很多的道德谴责可能也会有自以为是、体现自己道德优越的成分。有人习惯把自己放在道德制高点上，有强烈的道德优越感。他们的特点是"严于律他，宽于律己"。这种人就像望远镜一样，永远用小镜头看待别人的错，放得很大很大，但却习惯于用大镜头看待自己的错，总是缩得很小很小。这种人很容易发现他人的问题，但却忽视自己的问题。人在指责他人中会获得快感，获得道德上的优越感。当我们指出他人的失败，叫人无地自容，这会让我们觉得自己高人一等，从而不断地助长我们的骄傲和自大。

很多时候，当我们在他人身上发现了自己也有的缺点，我们会竭力地批评论断。一方面，在批评他人的过程中，我们可以获得自以为是的快感，而这种快感会让我们根本无须为自己的过错悔改。另一方面，越是严厉批评，越是可以在众人面前掩盖我们自己同样的罪行。所以，贪腐分子往往对贪腐的指责是最严厉的，越是淫乱的人越是习惯于指责他人淫乱。对此，上一篇小文有过详细的说明。当然，这主要是针对某些"网络大 V"的。

4. 其他。人们进行道德谴责，还有其他许多动机，如博人眼球、营销造势、消费他人的痛苦等。

前面两种动机是善意的，但后面两种动机则是恶意的。

　　当我们对刘某进行谴责时，我们到底出于何种动机呢？人心诡诈，很多时候，我们自己都不知道自己内心的动机。有时可能是诸多动机的混杂。因此，每当我们抡起道德大棒，一定要三思而后行，也应该留有足够的余地自我反省。

　　网络上铺天盖地对刘某的谴责，人们是希望将其置之死地，彻底"搞臭搞死"，还是希望她能改过自新呢？

　　即便是刑罚，也是希望在惩罚的基础上能够让罪犯洗心革面，重新做人。西汉文帝之所以废除肉刑，就是因为肉刑断人肢体，毁人容貌，是对人格的侮辱，也彻底断绝了罪犯改过自新的可能。所以当缇萦救父，上书文帝，缇萦短短数语，戳中文帝泪点——"妾父为吏，齐中称其廉平，今坐法当刑，妾切痛死者不可复生，而刑者不可复续，虽欲改过自新，其路莫由。妾愿入身为官婢，以赎父刑罪，使得改行自新也。"（我的父亲做官吏，齐地的人都说他清廉公平，如今犯法应当获罪受刑。我为受刑而死的人不能复生感到悲痛，而受过刑的人不能再长出新的肢体，即使想改过自新，也没办法了。我愿意舍身做官府中的女仆来赎父亲的罪过，让他能改过自新"）文帝后在废肉刑的诏书中直接援引少女缇萦之语——**"虽欲改过自新，其路莫由也。"**

　　刑罚是国家最严厉的惩罚措施，但是它依然要在惩罚的同时让罪犯改过自新。因此，刑罚不仅不能亵渎罪犯作为人的尊严，反而要让罪犯重新体会到人的尊严，邀请"理性人"重新住进自己的心中。甚至死刑也是对罪犯的尊重，用黑格尔的话来说："刑法被包含着犯人自己的法，所以处罚他，正是尊敬他是理性的存在。"杀人偿命，天经地义，杀人犯知道这种律令，却依然实施犯罪，那么如果不处死他，就是对他的不尊重。（"别人杀人都判死刑，为什么我杀人不判死刑？瞧不起我吗？把我当精神病人吗？"）在黑格尔看来，如果一个杀人犯能够勇敢地去接受死刑，并因为死刑而痛悔，那么他就重新找回自己的尊严。相反，如果他选择"好死不如赖活着"，则是对其尊严最大的亵渎。

因此，所有的道德谴责都不应该随意侮辱他人的人格，诸如"人渣""狗男女""禽兽"这种情绪化的表达在亵渎他人的同时也侮辱了自己。同时，将他人在道德上彻底"批臭批死"也从此堵住了他人改过自新的可能。

虽欲改过自新，其路莫由也。难道，这是我们所乐见的吗？

### 三、如何开启道德谴责？

道德与法律不同，它主要是一种自律。因此，在开启道德谴责的阀门时，一定也要进行自我的反省，这样才能让本能的愤怒在正确的渠道中运行并产生积极的作用，而不至于像洪水一般，泛滥成灾。

老实说，对于江歌案，任何人都会感到愤怒，人不能做到"太上而忘情"。但是，当我陷入愤怒时，心中的"理想人"告诉我要勇敢、要感恩、要知耻之时，我首先把这种声音作为是对我自己的提醒。

当我批评他人懦弱的时候，我真的希望自己能够勇敢一点，我心中的"理想人"告诉我，"你真的不够勇敢。当你批评某个热点案件的当事人时，除了加入集体情绪狂欢以外，你还做了什么？你敢不敢付出代价走出书斋，去帮助弱者，去对抗不公，去匡扶正义，与悲伤的人一路同行？"

当我批评他人忘恩负义的时候，我真的希望自己能够多些感恩。我心中的"理想人"告诉我，"好多人你都忘了去感谢，甚至你对你的父母都缺乏感恩，难道你只在节假日才想起打电话吗？只在特定节日才想起感恩吗？"

每一次对他人恶行的谴责，我都希望能够真正地提升我自己的道德水平。我希望我的愤怒不仅仅是一种感性的表达，而能够产生积极后果。

上篇文章发出，有不少网友斥责我是"人渣""没有良知""枉为人师"，我接受这些批评，对比心中"理想人"范例，这些批评非常准确到位。我确实在德行上离理想状态差得太远。所以，我会像溺水之人抓住救命稻草一般抓住能够带我出离邪恶深渊的力量。

有人说，法律人优点（或是缺点，端看你采取何种立场）之一，便是他既不相信口号，也不相信群众。那些立场鲜明、非此即彼的口号式论说最容易获得民心，但这种单极化的思维在人类历史上却带来了无数浩劫。因此，法律的训练让我对任何口号都心存警惕。

至于群众，并不是说法律人应该傲慢到不听取民意，而是说他必须超越民意的偏见。托克维尔在《论美国的民主》中一再提醒人们警惕多数人的暴政，并认为这是民主制度的悖论，如果不妥善处理好这个问题，民主将会被其自身所摧毁。但是，托氏很高兴地发现，在美国，对抗这种多数暴政最有效的武器就是法律界，"当美国人民任其激情发作，陶醉于理想而忘形时，会感到法学家对他们施有一种无形的约束，使他们冷静和安定下来。法学家秘而不宣地用他们的贵族习性去对抗民主的本能，用他们对古老事物的崇敬去对抗民主对新鲜事物的热爱，用他们的谨慎观点去对抗民主的好大喜功，用他们对规范的爱好去对抗民主对制度的轻视，用他们处事沉着的习惯去对抗民主的急躁。"[1] 这句话值得法律

---

① ［法］托克维尔：《论美国的民主（上）》，董果良译，商务印书馆1997年版，第309页。

人深思。

愿我们能够付出代价真正走入江妈妈的生活之中，帮助她走出悲伤与仇恨。

也愿刘某及其家人能够勇敢地面对一切。

# 律师为什么喜欢为"坏人"做辩护

据报道，著名法律学者何兵教授接受委托，成为"杭州保姆纵火案"被告人莫某的辩护人。

为千夫所指的被告进行辩护，如果只是为了出名，显然有悖常理。何教授早已名闻天下，为此案辩护在某种意义上只会牺牲何教授的大名。

本案被告所犯罪行令人发指。但是，为什么包括何教授在内的不少律师还要为这种"坏人"进行辩护呢？

要说明这个问题，就不得不提到刑事辩护制度的起源。

今人多将刑事辩护追溯至古希腊，却忘记了西方文明的另一重要源头——"希伯来—基督教信仰"。成书约公元前15世纪的《摩西五经》之一的《创世记》就有关于辩护的内容，这远早于公元前8世纪才出现的古希腊文明。

《创世记》第十八章17—33节中，当上帝欲毁灭所多玛和蛾摩拉两城时，亚伯拉罕站了出来，为这两城辩护。

亚伯拉罕近前来，说："无论善恶，你都要剿灭吗？假若那城里有五十个义人，你还剿灭那地方吗？不为城里这五十个义人饶恕其中的人吗？将义人与恶人同杀，将义人与恶人一样看待，这断不是你所行的。审判全地的主岂不行公义吗？"耶和华说："我若在所多玛城里见有五十个义人，我就为他们的缘故饶恕那地方的众人。"亚伯拉罕说："我虽然是灰尘，还敢对主说话。假若这五十个义人短了五个，你就因为短了五个毁灭全城吗？"他说："我在那里若见有四十五个，也不毁灭那城。"亚伯拉罕又对他说："假若在那里见有四十个怎么样呢？"他说："为这四十个的缘故，我也不做这事。"亚伯拉罕说，求主不要动怒，容我说："假若在那里见有三十个怎么样呢？"他说："我在那里若见有三十个，我也不作这事。"亚伯拉罕说："我还敢对主说话，假若在那里见有二十个怎么样呢？"他说："为这二十个的缘故，我也不毁灭那城。"亚伯拉罕说："求主不要动怒，我再说这一次，假若在那里见有十个呢？"他说："为这十个的缘故，我也不毁灭那城。"耶和华与亚伯拉罕说完了话就走了；亚伯拉罕也回到自己的地方去了。

《创世记》中的上帝通过欲毁灭罪城的案例，生动形象地教导了亚伯拉罕何谓人类的公平正义以及如何对待有罪之人，这奠定了刑事辩护制度的基本原则。上帝能够区分出有罪与无辜，但人类则未必，上帝用这个案例让亚伯拉罕思考，人类如何建立一套制度来区分有罪与无辜。在这个上帝与人类交互式学习的案例中，亚伯拉罕因为五十义人而质疑上帝毁城的决定，上帝也乐意与他讨论，最后亚伯拉罕以十个义人收尾。

上帝在教导亚伯拉罕，人类的司法制度必然存在缺陷，最坏的制度是宁可错杀千人也不放过一人，但为了不枉杀一人，就放过千万个有罪之人，也不太合适，因此必须寻求一个平衡点。上帝同意亚伯拉罕的观点，只要有足够的好人，就应该把整个团体，包括其中的坏人一并饶过。但同时告诉亚伯拉罕如何在错杀与枉纵之间取得平衡，所以最后亚伯拉罕到十人为止。

这个故事对于刑事辩护制度至关重要。上帝通过"案例教学"，让亚伯拉罕学到了一堂生动的辩护课程。这个故事告诉我们，辩护首先是防止冤枉无辜，人类无法轻易区分谁有罪谁无罪，如果只有明显无辜的人才能得到刑事辩护，那么必将有大量无辜的人受冤枉。所多玛和蛾摩拉罪恶滔天，但仍应为其辩护，**为罪行重大之人辩护，正是为了防止无辜之人枉受追究**。①

其次，《创世记》中的上帝乐于亚伯拉罕向他挑战，这正是告诉亚伯拉罕，默许冤屈就是罪恶，世俗社会的任何

---

① ［美］艾伦·德肖维茨：《法律创世纪》，林为正译，法律出版社2011年版，第73~74页。

权威都应该接受质疑，连上帝都可以接受亚伯拉罕的质询，更何况由理性有限的人类所组成的政府机构。即便是最好的人类道德和司法制度，也是有可能误杀无辜的。所以，司法机关必须虚心接受律师的诘问质疑，否则必然导致司法擅权专断，腐败无能。

最后，《创世记》中的上帝让亚伯拉罕知道，世俗社会的公平正义就是寻找合适的平衡点，辩护制度也不例外。

对刑事辩护制度源头的考察并非纯粹的历史探究，正本才能清源。伯尔曼说："当今我们的法律已成为无本之木；人们不再认为法律是以普遍实在为基础，西方社会正在经历迷失自身的危险，不再相信它的过去和未来，民族主义的法律史学理论无法解释西方各法律制度在过去所发生的根本变化，也无法昭示其目前的发展方向。因此，我们必须从整个法律传统的源头开始，尽可能深入最广阔的历史背景，追溯它走入当前困境的轨迹。"

古希腊人崇拜多神，希腊神话中的神祇像人一样，有诸多欲望，无数权谋争斗，神人同形同性。希腊神话中的众神之王宙斯就是通过推翻其父来夺取最高权力的。宙斯之父克洛诺斯也是推翻其父亲乌拉诺斯取得权力的。宙斯喜欢追求外遇，其正妻赫拉多次抓奸仍无法阻止宙斯外遇，从而导致宙斯妻子间无休止的争吵并常常引发激烈的冲突。

这种信仰体系导致真理相对，没有绝对真理，亦无善恶的严格界限。另外，这也造成古希腊的人本主义传统，多种多样的神祇为每个个体的行为都提供正当化解释，个体的价值被推到极限，智者派代表人物普罗泰戈拉甚至提出"人是万物的尺度"① 这个命题。

若将辩护制度的源头追溯至古希腊，这种辩护制度可能会有两个恶果。

首先，辩护缺乏正义的必要约束。由于神祇之间本身的竞争关系，神界之间推崇强者为大，人类必将效法。由于缺乏绝对真理的约束，辩护的目的就是为人开罪，只要竭尽全力保证当事人的最大利益，无须受制任何规则。

其次，人本主义传统将导致辩护制度过分张扬人之权利，而忽视人权应该有一定的限度。

柏拉图就曾经尖锐地批评当时的辩护人，认为他们颠倒黑白，偷换概念，巧言令色。他曾在对话录中描述这类人的行径：

——那只公狗难道不是它儿女的父亲吗？

——当然是。

——那只公狗难道不是你的吗？

---

① "人是万物的尺度"中的"人"指每一个个体的人。

——当然，它是我的。

——既然是你的，而且是父亲，那么这条公狗就是你的父亲，你就是那些小狗的兄弟了。

这显然是一个逻辑混乱的论断。

在柏拉图看来，律师必须听命于客户的要求，按客户的意图办事，无异于客户的奴隶，他说："律师总是忙忙碌碌，似乎总有什么力量不断驱赶着他……他是一个奴隶。在他的主人面前，与他同是奴隶的伙伴们争论不休……结果律师们变得敏锐而狡黠；他学会了对主人曲意逢迎、见机行事；他的心胸狭窄，自从他开始欺骗和报复以后，他就变得反常而且扭曲了。"①

与古希腊的人本主义传统不同，西方文化的另一源头"希伯来—基督教"信仰强调神本主义，一神论的信仰确认了绝对真理的客观存在，上帝之道即为真理，所谓"太初有道，道与上帝同在，道就是上帝"。因此，辩护制度应当接受绝对真理的约束，辩护必须在规则范围内行使。按照这种信仰观，辩护人在辩护时要受到限制，十诫中第九诫"不可作假见证陷害人"当为辩护人之铁律；同时人权也须受到限制，正如亚伯拉罕在为罪城辩护的案例中所学习到的，保障

① 陈碧：《谁为律师辩护》，中国法制出版社2011年版，第5~6页。

人权不能以完全牺牲惩罚犯罪为代价。

对辩护制度源头的冗长说明并非为了怀古，厘清辩护制度的缘起才能明白律师制度的定位。

首先，律师必须在法律范围内维护当事人的合法权益。律师与其说是在捍卫当事人的利益，不如说是在通过捍卫当事人的利益维护法律的尊严。正如亚伯拉罕对上帝的质疑不是为了攻讦上帝的缺失，而是向上帝申明确保无辜者不受冤枉才能保证上帝惩罚的正当性。因此，辩护权必须受到法律的限制，律师应当在法律允许的范围内为当事人谋取合法利益。十诫中的"不可作假见证陷害人"是任何文明社会都应遵循的规则。在任何国家，辩护人帮助犯罪嫌疑人、被告人隐匿、毁灭、伪造证据或者串供、威胁证人作伪证等行为，都应该以犯罪论处。

其次，刑法应在惩罚犯罪与保障人权这两个价值之中寻找平衡。律师辩护权不是无限的，为了惩罚犯罪的需要，律师辩护应当受到合理的限制。同理，惩罚犯罪也并非唯一价值。为了辩护制度的发展，惩罚犯罪的需要也可适度让步。

司法机关与律师同属法律职业，任何一个法律人都应该清楚地意识到，辩护律师与司法机关的目标是一致的，他们都是为了维护法律的尊严，辩护不仅是为保护无辜公民，也是为确保司法的公正。严格说来，何教授接受被告人莫某的委托，也许只具有符号的意义，并不能改变对莫某的定罪量刑。但是，如果能够通过这个案件的审理充分保障被告方的辩护权，促进消防、物业等制度的革新，那么就在很大程度上实现了法律人要追逐的正义。

"二战"结束后，著名作家萧乾在采访远东国际法庭的审判时，很不理解为什么法庭居然允许律师为那些恶贯满盈的战犯进行辩护，直到自己被打成"右派"，他才恍然大悟。

哈佛大学教授德肖维茨说："一个国家是否有真正的自由，试金石之一是它对那些为有罪之人、为世人不耻之徒辩护的人的态度。在大部分专制国家里，独立自主的辩护律师队伍是不存在的。诚然，专制压迫肆虐无忌的明显标志之一就是政府开始迫害辩护律师。"①

法治社会需要律师，尤其需要律师为公众所厌恶之人提供辩护。只有当越来越多的律师投身这一伟大事业时，法治中国的梦想才能成为现实。

（本文节选自《刑法第 306 条辨正》，原载《政法论坛》2013 年第 3 期）

---

① ［美］艾伦·德肖维茨：《最好的辩护》，唐交东译，法律出版社1994 年版，第 482 页。

# 大刀砍向同胞的第一步是对异族的仇恨

美国拉斯维加斯枪击案，59 人罹难，数百人受伤。当死难者家属陷入巨大的悲痛之时，大洋彼岸的中国，却有一种熟悉论调在各大论坛浮现：有人拍手称快，有人冷嘲热讽，还有人说这是咎由自取。

这真的是人心中犹如大海翻腾存留在岸边最肮脏丑陋的泡沫。不知从什么时候开始，很多人的心中就充满着这种对异族刻骨的仇恨。

记得多年前的美国"9·11"事件，国人有的鼓掌，有的欢呼，还有人在遗址边竖着大大的"V"字拍照留念。

在别国一次又一次的不幸和灾难中，这些人幸灾乐祸，他们内心的仇恨如毒疮一样，越来越大，不断散发骇人的恶臭。

这种基于国别和民族的"同仇敌忾"的人总有一天也会将仇恨对准同胞，向着本国的民众大开杀戒。

当我们人为地将人区分为本国人、外国人，我们也就不可避免地会把本国人区分为富人、穷人，显贵、平民，本地人、外地人，城里人、乡下人，任何一个小群体又会形成一种新的"同仇敌忾"。

人类历史上，几乎所有的暴政最初都是利用民众对外族的仇恨，如当初希特勒上台时鼓动德国人对法国的仇恨。

当仇恨在心中发芽、长大，人也就慢慢忘记了最宝贵的东西是他的内在尊严，而不在于外在的身份。

仇恨，总有一天会让人把枪口调转，从对外变成对内，进而对着自己的亲朋好友。

当人的心为仇恨所奴役，他的肉体也必然被外在的强权所奴役。

我们求学问道，读万卷书，行万里路，就是为了走出我们基于地域、血统、国族所形成的偏见。

我是湖南人，从小我就以身为湖南人而骄傲。我瞧不起一切外省的人与事——惟楚有材，于斯为盛，"大江东去，无非湘水余波"，岳麓书院的这句对联让我对湖湘文化无比自豪，也让我对外省人不屑一顾（我甚至还自撰"大海翻腾，无非耒水涟漪"）。

到了大学，我们组织湖南老乡会。老乡们聚在一起，不断自夸身为湖南人的骄傲，批评外省人的粗鄙。直到有一天，老乡会居然没有叫我，我非常失落。后来才知道原来他们开的是长沙老乡会，我不是长沙人，所以没有资格参加。

但是一位长沙同学居然也没有受邀，我感到非常奇怪。后来他郁闷地告诉我，"他们开的是长沙市的老乡会，我是长沙县的，所以没有资格。"

这一刻，我才知道我的偏见有多么的可笑和愚蠢！

人之尊严是天赋而神圣的，无论国族、性别、贫富、贵贱，我们每个人的最大公约数在于我们是单纯的人，这是我们放下仇恨的根源，也是我们彼此相爱的起点，有一天我们也要携手共同走向终点。

人的尊严并不来源于国家、民族、文化和权力的授予，相反，一个国家、民族、文化和权力的伟大却来源于对每个个体尊严的尊重。

这个世界并不美好，真正美好的是我们用无伪的爱心去温暖人们心中那仇恨的坚冰。当仇恨的坚冰化作爱的江河，便能冲刷这世间一切的邪恶。

在美国拉斯维加斯枪击案这样一个特殊的时候，愿你我感同身受，让我们再次重温约翰·多恩古旧的布道辞"不要问丧钟为谁而鸣"：

"没有人是自成一体、与世隔绝的孤岛，每一个人都是广袤大陆的一部分。如果海浪冲掉了一块岩石，欧洲就减少。如同一个海岬失掉一角，如同你的朋友或者你自己的领地失掉一块。每个人的死亡都是我的哀伤，因为我是人类的一员。所以，不要问丧钟为谁而鸣，它就为你而鸣！"①

爱，是永不止息。

---

① ［英］约翰·多恩：《丧钟为谁而鸣》，林和生译，新星出版社 2009年版，导言第 8 页。

# 你能原谅这样的"人渣"吗？

老碰到这种人，真让人心烦，不知道还要不要原谅他——

太不守时了，老是迟到，一个月迟到好几次，每次都说堵车，堵什么堵啊？晚上10点能堵车吗？分明是骗人。

太虚荣了，朋友圈天天发东西，不是去这就是去那，显摆什么呀？

本事不大，脾气不小，像个爆竹一样一点就着。

不懂装懂，英语也就3.5级，还动不动说话就夹带洋文。

偏见固执，总是不能听取别人的意见，老是要按自己的意思办。

跟这种人相处真的特别累，特别烦。

大家说这种人能原谅吗？

你可能会猜，这说的是谁呀？

这就是你啊！

我们每个人不都这样吗？不怎么守时，有点固执，有点虚荣，有点脾气，不懂装懂。

但是，我们每天都在原谅我们自己的诸多毛病。

我们总是对自己说，这次做错了，下次改就好了。

所以有人说，当伸出一个手指指责他人，会有四个手指头对着自己。

既然我们每天都在原谅一个不那么可爱的自己，那么当别人做错事的时候，当别人冒犯你时，你是不是也能够爱人如己，推己及人呢？

原谅他们，正如你每天都在原谅你自己。

接纳他人，正如你每天都在接纳你自己。

多想想他的优点，正如你有一点儿优点，恨不得全世界都知道一样。

原谅这个"人渣"吧，不论这是你"渣"、我"渣"，还是他"渣"。

身负权力
各自珍重

# 城管抽梯：何罪之有和该当何罪？

据报道，郑州航空港区一文印店工人在楼顶安装广告标牌时，城管队员到场称手续不全要求拆除，并在拆除过程中撤走了梯子。随后工人欧某自行用安全绳下楼，不幸坠亡。事后涉事执法队员停职、分管执法大队长被通报批评，相关当事人因涉嫌玩忽职守被采取控制措施，同时违规设置广告牌的企业负责人也因涉嫌重大责任事故被刑拘。①

公安机关处理该案，效率够高，只是在适用法律问题上，似乎有违民众朴素的道德情感。

设置广告牌的企业负责人涉嫌重大责任事故，相信公安机关的推理逻辑是：企业负责人违法在前，出现事故在后。如果他不违法雇人安装广告牌，那么欧某也就不会坠亡。因此，其违法行为与事故存在因果关系，故涉嫌重大责任事故罪。

按照这种推理逻辑，张三杀人，其母也与杀人行为有因果

① 《郑州城管抽梯事件当事人：求城管好多次别拿走梯子，对方不听》，载网易网，http：//news. 163. com/18/0130/11/D9D5DV1S00018AOR. html，最后访问时间：2018 年 3 月 1 日。

关系。如果她不将儿子生出，杀人凶手也就不会出现，自然不会为祸人间。这样看来，中国古代的株连制度也有合理性。

在现代刑法理论中，因果关系必须区分事实上的因果关系和法律上的因果关系。前者是一种哲学上的条件关系，它遵循"如果没有前者就没有后者"的公式，杀人犯的母亲与杀人行为、雇人安装广告牌与死亡事故的确存在这种条件上的事实因果关系。

但是，刑法上的因果关系显然不是单纯的条件关系，否则刑法的处罚面就太大了。因此，必须对条件关系进行限定。

**在条件关系的基础上，只有对结果的发生具有重要促进作用的条件才能认为与结果具有刑法上的因果关系。要说明这个问题，首先就要明白刑罚惩罚的正当性根据。**

惩罚的根据是报应，而不是预防，是对已然之罪的报复，而不是对未然之罪的防控。如只以预防作为惩罚的导向，那么为了威慑犯罪，司法机关就可随意抓一个"替罪羊"顶罪，以树立司法机关凡案必破、法网严密的光辉形象，威慑普罗大众。但是，这显然是错误的，违反了无罪不罚这个最基本的常识。

因果关系涉及的是已经发生的危害行为与结果之间的关系，因此评判它的依据自然也是报应。只有那些严重伤害人们正义情感的行为，才可认为它与危害结果存在刑法上的因果关系，绝对不能因为预防的需要来设定因果关系。比如，劫匪劫持人质，警察出于恶意故意将人质击毙，虽然劫匪的劫持行为与人质之死有一定关系，但人质之死主要与警察有关。如果为了警告将来的劫犯，防止绑架案件的出现，而让劫匪对人质死亡结果承担责任，这明显是不公平的。

　　报应是社会公众的一种朴素的正义观，当多种原因交织在一起，只有那些在人类经验法则上极有可能引起危害结果的原因才具有刑法上的意义。如果在我们的经验情感中，是一个行为独立地导致结果发生，就应当将结果归责于该行为，而不能追溯至先前条件，这就是所谓的禁止溯及理论。张三叫李四来吃饭，结果李四在路上遭遇车祸。在经验法则中，李四是被车撞死的，而不是被张三杀害的，因此张三的邀请与李四的死亡充其量只有事实上的因果关系，而不存在法律上的因果关系。事实上，任何如张三一样的人也只会为此事略感愧疚，但不会愧疚到去公安机关投案自首的程度。

　　在抽梯事故中，具体的因果流程是：

企业主违法雇工→城管执法抽梯→

欧某天冷下地→最后坠亡

　　用专业术语来说，这多因一果的现象也就是出现了所谓的介入因素，也即介于先前行为与最后结果之间的因素。介入因素在因果链上的复杂性在于它不仅直接产生了结果，而且使得某些本来不会产生这种结果的先在行为和结果发生了联系。如甲故意伤害乙，乙在被送往医院过程中发生车祸身死。伤害行为（前行为）本来不会直接导致死亡，但由于介入因素（路上的车祸）使得前行为与死亡结果发生了联系。在这种情况下，前行为与危害结果之间是否还存在刑法上的因果关系呢？这就要从一般人的常识来看介入因素与前行为是否具有伴随关系，如果前行为会高概率导致介入因素，而介入因素又引起了最后的结果，那么前行为就与结果有刑法上的因果关系。再如，甲在张三身上泼油点火，张三为了灭火跳入深井而死，死亡结果自然可以归责于甲的点火行为。但若介入因素的出现与前行为并无伴随关系，那么就不能将结果归责于前行为。又如，张三被甲泼油点火，痛苦万分，李四为免张三之苦，将其击毙，这种介入因素就太过异常，与前面的点火行为没有伴随关系。

在抽梯事故中，作为介入因素的城管将梯子撤走的行为简直匪夷所思，令人发指，电视编剧绞尽脑汁估计都编不出来。因此，雇人安装广告牌的企业负责人与工人的死亡结果不可能存在丝毫刑法上的因果关系，也就不可能构成重大责任事故罪，否则有违人类基本的报应情感。

然而，城管的抽梯与工人的死亡事故之间则存在刑法上的因果关系。显然，这又涉及另外的介入因素——欧某在梯子被撤后从三楼顶部顺着绳索滑楼。当天郑州最低气温是零下 5 摄氏度，城管在傍晚时分抽走梯子，三层楼顶相当寒冷，且天快黑了，安装人员自行想办法落地是人之常理。这个介入因素和城管抽梯行为自然有高度伴随关系，因此死亡结果可以归责于城管的抽梯行为。

事实上，涉事城管因涉嫌玩忽职守罪而被控制，公安机关也认为城管的行为与工人的死亡结果存在刑法上的因果关系。

但是，涉事城管故意撤走梯子的行为不宜以玩忽职守论，而属于滥用职权。

滥用职权与玩忽职守最大的区别在于违背职责是故意为之，还是过失而为，虽然两者对于事故结果的发生都可能出于过失。在本案中，城管撤走梯子的行为明显是故意实施的违背职责的行为，而不是疏忽大意违背职责。因此，以滥用职权罪追究其刑事责任可能更为合理。

刑法第 397 条第 1 款规定："国家机关工作人员滥用职权或者玩忽职守，致使公共财产、国家和人民利益遭受重大损失的，处三年以下有期徒刑或者拘役；情节特别严重的，处三年以上七年以下有期徒刑。本法另有规定的，依照规定。"虽然滥用职权罪和玩忽职守罪的刑罚是一样的，但是对于同等情节，故意型的滥用职权自然要重于过失型的玩忽职守。

人性的幽暗总有一种不断下坠的趋势。合理的制度本应抑制这种堕落的趋势，尽可能约束而非放纵人性的败坏。鲁迅曾说："勇者愤怒，抽刃向更强者；怯者愤怒，却抽刃向更弱者。"如果我们的法律不能约束人性中下坠的常态，严惩滥权之举，那么那些被滥用的权力永远无法学会尊重普通民众。

# 身负权力　各自珍重

　　每个人的内心中都有邪恶的成分，因此，一种合理的制度一定要尽力约束人性中的邪恶，而一种糟糕的制度则会不断激发人性深处的幽暗。

　　罗尔斯在《正义论》中提醒我们，如果人们被一块"无知之幕"遮盖，这块幕布让人们暂时不知道自己将处于何种阶层、性别或民族，也不知自己的教育水平，身体健康还是病弱，家境贫穷还是富裕，那么人们会选择一种什么样的社会呢？

　　是纯粹的弱肉强食的功利主义吗？当然不是，你不能保证自己一定生长在富贵人家。

　　是纯粹的自由放任主义吗？当然也不是，虽然你很可能奋斗成为"首富"，但也可能会在竞争中一败涂地。

　　因此，你要避免一种可能让人一无所有却得不到任何帮助的制度。

　　所以，罗尔斯认为，在"无知之幕"的遮盖下，会产生两种公正原则：第一种原则是为所有公民提供平等的基本自由，如言论自由和宗教自由，这一原则要优先于社会功利和总体福利的考虑。即便你一贫如洗，你依然拥有一些基本权利且是任何人无法干涉的。第二种原则是关心社会和经济的平等，尽管它并不要求一种平等的关于收入和财富的分配，但它却允许那些有利于社会最不利者的社会和经济方面的不平等。换言之，要用差异原则来纠正市场竞争产生的不公平，每个人所拥有的才能和天赋是不平等的，如果大家都在同一条起跑线上赛跑，如对"富孩子"和"穷孩子"适用同样的竞争规则，那么最后会出现一种事实上的不平等，因此公共政策上应当向弱者适当倾斜，而非让强者通吃一切。

这种差异原则把自然才能看成一种公共资产，我们无法决定自己的出生和天赋，也无法决定我们一生所能遇到的机遇，这些东西看似属于你，但又不属于你，那些受到上天宠爱的人，无论他们是谁，只有当他们的好运气改变那些不利者的状况时，才能从自己的好运气中获利。在天资上占优势的人们，不能因为自己天分较高而仅仅自己受益，而要通过抵消那些训练和教育所产生的费用，从而帮助那些比较不幸的人。没有人应当得到更大的自然能力，也没有人在社会上值得拥有更加有利的起点。①

---

① ［美］罗尔斯：《正义论》，何怀宏等译，中国社会科学出版社1997年版，第99页。

　　在当下的中国，我们最要警惕的是一种新的"中学为体，西学为用"的思维，即用传统法家的思想冠以功利主义、市场经济和法治的幌子。

　　法家崇拜权力，对其而言，权力永远超越法律，知法守法只是针对老百姓而言的，权力则高高在上，可以任意悔法造法。"法治""法家"虽只一字之别，但却差之千里。在法家看来，最重要的不是法律的规定，而是掌权者的心思。

　　法治的本质在于对权力的约束，这和法家完全是风马牛不相及。法治的精神来源于对人性幽暗面的洞察。人性中那些天然的良善和道德，时刻面临着各种严酷的试探和特权的侵蚀，并且事实无数次地证明，我们的人性最终无法抵制这些致命的诱惑。英国前首相威廉·皮特说："不被限制的权力倾向于腐化那些拥有它之人的灵魂。"这也恰好印证了阿克顿勋爵的至理名言："权力导致腐败，绝对权力往往导致绝对腐败。"

　　一些"法家"不仅顶着法治的"大帽子"，还扯来了功利主义和自由竞争两面大旗。一方面，言必称最大多数的最大利益，不顾少数群体的利益。另一方面，则以自由竞争来规避对弱者本应承担的道义责任。

　　如果处在这样一种"中学为体，西学为用"的思维中，人们难免会对权力顶礼膜拜，而失去对一切的敬畏，这种

"权力至上"的思维不断释放着人性深处的邪恶。

在任何行业，如果人们信奉强者为大，也就不可能真正遵守规则，因为规则只对弱者有效，强者永远跳出规则之外。

# 规范执法，让雷洋案不再继续

2016 年 12 月 23 日，丰台区人民检察院对外公布雷洋案的处理结论，对涉案公安人员作出不起诉决定。

当日晚上，北京警方对涉嫌存在卖淫嫖娼违法犯罪活动的多个场所进行查处，从位于东城区、海淀区多家"俱乐部"查获涉案嫌疑人数百名。[①]

两起事件，前后发生，其中是否有内在联系，我们无从揣摩。然而，它们都有共同的标签：一是打击卖淫嫖娼违法活动；二是根据统一部署，统一执法。在雷洋案中，涉案公安人员因雷洋涉嫌嫖娼进行执法，检方不起诉的一个重要的理由也是涉案公安人员"根据上级统一部署开展执法活动"。

很少有哪个案件像雷洋案一样撕裂民意的共识。有人指责涉案民警滥用职权、玩忽职守；有人心疼民警执法不易，辛酸劳苦，不被社会理解。一段时间以来，各种同学圈、同

---

[①] 参见《保利俱乐部被抓人员名单曝光》，载中国网，http：//henan. china. com. cn/latest/2016/1227/3969931. shtml，最后访问时间：2018 年 3 月 1 日。

事圈、朋友圈也因对雷洋案的看法不一，以致朋友"反目"，同事"成仇"。

当时，我和很多司法机关的朋友交流过对雷洋案的看法，虽然认识上不乏分歧，但感恩的是我们"友谊的小船"足够厚重，经得起争论与风暴。有一天，一个从事法律实务工作的朋友给我打电话，他说看了许多关于雷洋案的文章，但感觉都没有说到重点。他觉得本案真正的作用在于规范执法活动。如果雷洋案能够推动执法的公开规范，那么雷洋也就没有白死。否则，无论案件如何处理，最终都是两败俱伤，撕裂的民意无法修补。

我觉得他说的非常有道理。**规范执法不仅是对民众，也是对执法人员最大的关爱与保护**。如果执法权力缺乏明确的边界和正当的程序规则，那么这种权力也就极易释放人性深处最邪恶的成分，败坏执法者的道德良知，好人难免沦为恶棍。

我们期待，雷洋之死至少在下列三个方面推动规范执法制度层面的革新。

**一、对卖淫嫖娼的处罚应有明确的法律规定**

当前，与卖淫嫖娼相关的处置既有行政处罚，又有刑事惩罚。治安管理处罚法第 66 条规定："卖淫、嫖娼的，处十日以上十五日以下拘留，可以并处五千元以下罚款；情节较轻的，处五日以下拘留或者五百元以下罚款。在公共场所拉客招嫖的，处五日以下拘留或者五百元以下罚款。"第 67 条规定："引诱、容留、介绍他人卖淫的，处十日以上十五日以下拘留，可以并处五千元以下罚款；情节较轻的，处五日以下拘留或者五百元以下罚款。"同时，我国刑法在第 358 条到第 362 条分别规定了组织卖淫罪；强迫卖淫罪；协助组织卖淫罪；引诱、容留、介绍卖淫罪；引诱幼女卖淫罪；传播性病罪等，其刑罚从管制到无期徒刑不等。

**然而，何为"卖淫嫖娼"从未有明确的法律定义。** 刑法和司法解释对此都没有规定，只是公安部对卖淫嫖娼有过行政答复。公安部 1995 年 8 月 10 日《关于对营利为目的的手淫、口淫等行为定性处理问题的批复》（以下简称《1995 年批复》）规定："卖淫嫖娼是指不特定的男女之间以金钱、财物为媒介发生不正当性关系的行为。卖淫嫖娼行为指的是一个过程，在这一过程中卖淫妇女与嫖客之间的相互勾引、结识、讲价、支付、发生手淫、口淫、性交行为及与此有关的行为都是卖淫嫖娼行为的组成部分，应按卖淫嫖娼查处，处罚轻重可根据情节不同而有所区别。对在歌舞等娱乐场所、桑拿按摩等服务场所查获的，以营利为目的发生手淫、口淫行为，应按卖淫嫖娼对行为人双方予以处罚。"

这个批复为 2001 年 2 月 28 日公安部《关于对同性之间

以钱财为媒介的性行为定性处理问题的批复》（以下简称《2001年批复》）所废止，后一批复认为："不特定的异性之间或者同性之间以金钱、财物为媒介发生不正当性关系的行为，包括口淫、手淫、鸡奸等行为，都属于卖淫嫖娼行为，对行为人应当依法处理。"两个批复最大的不同在于，后一个批复认可了同性之间可以成立卖淫。

然而，批复不是法律，也不是行政法规，甚至都不是行政规章，其法律效力极其有限。

即便根据《2001年批复》，口淫、手淫、鸡奸都属于公安部门所认定的卖淫嫖娼，在执法过程中仍有许多问题模糊不清。

比如，《1995年批复》曾指出："卖淫妇女与嫖客之间的相互勾引、结识、讲价、支付、发生手淫、口淫、性交行为及与此有关的行为都是卖淫嫖娼行为的组成部分，应按卖淫嫖娼查处。"按照这个批复，只要有卖淫嫖娼的意思表示，就可以卖淫嫖娼论处。虽然《1995年批复》关于卖淫嫖娼必须发生在异性之间的规定被废止，但是有卖淫嫖娼的意思表示即可认定为卖淫嫖娼的精神并未被明确废除。在当前公安机关打击卖淫嫖娼的执法活动中，采取这种意见的并不罕见。试想一下，如果这种精神被严格执行，只要存在卖淫嫖娼的意思，相互勾引、结识、讲价都可以作为卖淫嫖娼加以打击，警察的权力几乎没有边界。一个暧昧的眼神、一个冲动的电话、一个冒失的拥抱都可能招致牢狱之灾，甚至熟人之间的性暧昧也完全可以卖淫嫖娼的嫌疑加以调查，各地警务人员不断泄露的"车震"视频正是明证。

又如，《2001 年批复》在刑事司法中是否有实际的法律效力也存在困惑。虽然行政答复对司法机关没有法律上的约束力，但是在现实中却有重要的参考作用。司法实务中有同性性交易被判组织卖淫罪的判例［如"李某组织卖淫案"，（参见《刑事审判参考》第 303 号）］。司法实践中，提供手淫是否属于刑法中的卖淫也长期存在争论。组织他人手淫、容留他人手淫、介绍他人手淫等是否构成犯罪，都取决于对"卖淫"这个关键性概念的认识。

**因此，必须对"卖淫嫖娼"这个概念有法律上的明确定义。否则，执法的混乱是必然的。**

根据治安管理处罚法的规定，公安机关对于卖淫嫖娼的行政处罚最高是十五日的行政拘留。但是由于《卖淫嫖娼人员收容教育办法》（以下简称《收容教育办法》）的存在，公安机关对卖淫嫖娼人员实际上最高可以处两年收容教育，其严厉程度并不次于刑罚。鉴于卖淫嫖娼的行政处罚与刑事犯罪密切相关，其行政处罚也远远超过一般的行政违法。因此，卖淫嫖娼应当被视为一种特殊的案件，规定特别的治安管理处罚规范，当由全国人民代表大会常务委员会通过法律的形式来规范打击卖淫嫖娼的执法活动。首先，法律应当对"卖淫嫖娼"有明确的界定，杜绝执法的混乱。其次，法律应当明确处理卖淫嫖娼的正当程序，诸如卖淫嫖娼认定的证据规则、调查卖淫嫖娼可以采取何种限度的行政强制措施、辅警能否参与执法等，都应该有法律的明确规定，不仅保障当事人的合法权利，也保护执法人员的正当执法。

**二、废除收容教育制度，已经刻不容缓**

收容教育来源于1991年《全国人民代表大会常务委员会关于严禁卖淫嫖娼的决定》（该决定第4条第2款规定："对卖淫、嫖娼的，可以由公安机关会同有关部门强制集中进行法律、道德教育和生产劳动，使之改掉恶习。期限为六个月至二年。具体办法由国务院规定。"以下简称《严禁卖淫嫖娼决定》）。随后，国务院制定了《卖淫嫖娼人员收容教育办法》，对实施中的问题作了具体规定。它是目前公安机关主要的操作依据。1997年全国人大对刑法进行全面修订时，仍然肯定《严禁卖淫嫖娼决定》规定"有关行政处罚和行政措施的规定继续有效"，但是收容教育名曰"教育"，其实就是惩罚，它根本就是限制甚至剥夺人身自由的强制措施，它与刑罚没有本质区别，唯一的区别在于这种措施是公安机关的"自留地"，几乎不接受任何司法审查即可作出决定。

收容教育在形式上是违法的。2000 年立法法规定，限制人身自由的强制措施和处罚只能制定"法律"。无论冠以何种动听的名词，收容教育在实质上都是限制人身自由的强制措施，国务院所颁布的《卖淫嫖娼人员收容教育办法》明显违背立法法的规定。

收容教育在实质上是不正当的。收容教育的设立初衷在于矫正，"使之改掉恶习"。然而，收容教育的矫正目标在实践中几乎完全失败。人何时能够矫正成功，很难有客观标准，只能凭借矫正者的主观臆断。然而，任何矫正都带有强制性，如果不考虑行为人所实施的行为，任意以矫正之名行惩罚之实，那么这种实质的惩罚权根本就是不受限制的权力，它极易诱发权力的堕落与腐败。历史上，不乏利用"矫正理论"践踏民众权利的例子。对于仅仅实施卖淫嫖娼的行为人，有什么理由剥夺其六个月以上的自由呢？

收容教育在实施上给予了公安机关巨大的权力，几乎不受约束，成为腐败的巨大温床。收容教育的适用非常随意，事先没有听证，事中几乎没有通知，事后也很难得到救济。仅凭县级公安机关一家之言就可剥夺当事人六个月到两年的自由，而且还很难受到有效的司法监督与审查，如此巨大的权力给权力寻租大开方便之门。

总之，废除收容教育制度已是刻不容缓。

### 三、尊重规则才是顾全大局

一旦执法活动成为运动，那么执法的瑕疵和缺陷也就不可避免，甚至可以被人轻易忽略。相信稍有年纪的人对于运动式的"严打"都不陌生。

"聂树斌案""呼格吉勒图案""佘祥林案""赵作海案"，哪一起冤假错案背后没有"严打"这种运动式执法的"宏大背景"呢？

也许有人会说，顾全大局，必须有所牺牲。但历史事实证明，这些代价根本就是疯狂的。

"凡动刀者，必死于刀下"，历史不断告诫我们，当权力不受法律的约束时，没有人是安全的，包括执法者在内的每一个人随时都会被推入权力的绞肉机。这种例子已有许多，值得每一个执法人员深思。

运动式执法犹如吸毒，一旦上瘾，就很难戒除。当运动的发动者看到执法在短期内的巨大成就，也就很容易忽视执法中的缺陷，更难想到这将会对法治带来何种摧毁性的后果。当执法人员习惯了运动式执法的简单粗暴，也就很难再培养起对规则的尊重和敬畏。

当运动式执法成为常态，治安状况短期会有明显改善，但长期来看，甚至可能更加糟糕，社会治理成本将极大提高。违法犯罪者知道打击只是一时的，风头一过，一切都将照旧，而执法者对于日常发生的违法乱象也会选择性地忽略，他们已经习惯了攒在一起，集中打击。长此以往，小恶会成为大罪，小病会养成顽疾。

**尊重法律，尊重规则，才是真正的顾全大局。**

阳光之下无腐败，如果执法行为能够严格按照法律规范，谦卑地接受公众的监督，那么民意也会少去很多的质疑，执法行为也会更加光明正大。

"腐败就像蝙蝠一样，总是在黑暗中起舞；公正有如鲜花一般，常常在阳光下盛开。"裴洪泉（深圳中级人民法院原副院长）这句话道出了规范公开执法的本质。但就是这位诗意的学者型法官，也因受贿被抓，后被判处无期徒刑。权力若不在阳光之下接受法律严格的约束，"勿忘初心"则难以做到。

已有的事，后必再有；已行的事，后必再行。日光之下，并无新事。历史似乎给我们的唯一教训就是人类从来不接受教训。如果"雷洋案"不能推动执法走向规范公开，还会有更多的"雷洋"，更多的"某警官"，不断割裂的民意又会把这个国家带向何方呢？

愿越来越多的公义和平安降临到这片我们深爱的土地。

# 刑法规制网络水军应慎重

网络水军是指由公关公司、网站等机构操控，以获取利益为目的，通过发帖、删帖等方式为他人造势来获取报酬的网络人员，其成员具有分散性、不固定性和临时招募性等特点。对于网络水军的名誉侵犯行为，我们可以基于网络水军造势行为本身的非正当性和造成的损害结果两个方面施加惩罚。

中国出现网络公关虽然只有几年，但在公关市场已占相当比重。操控水军造势的公关公司等机构本身是否属于非法组织？是否可以借助刑罚手段剪除网络水军幕后的机构力量，在源头上治理网络诽谤，从而釜底抽薪？刑法第225条规定了非法经营罪，违反国家规定，非法经营，扰乱市场秩序，情节严重的，就可构成犯罪。虽然刑法中并未明示操控网络水军进行牟利是一种非法经营行为，但该条款有一个强大的兜底罪状——其他严重扰乱市场秩序的非法经营行为。能否将操控网络水军的公关公司等机构以此款论处呢？

答案是否定的。"法无明文规定不为罪，法无明文规定不处罚"，这是法治最基本的原则。法治的精神并不是通过法律规定人们应如何行为，而是划定一个行为的禁区。凡是法律所不禁止的，便是民众可自由驰骋之地。在现行法律中，并无任何条款明确禁止雇用网络水军进行宣传造势。网络水军并非一无是处，如果用之得法，也可能达到积极的效果。如果雇用水军只是进行自我炒作，没有侵犯他人的利益，这就属于言论自由的范畴，没有必要过多干涉。就如一部电影上映，不同的人有不同的观感，通过网络水军评价一下这部影片的优劣，这无可厚非。可见，网络水军只是一种宣传技术，关键看如何使用，如果不分青红皂白地取缔民间的网络水军，这会极大地干涉言论自由。总之，没有必要因为网络水军带来一些不良影响就全然禁止，切勿把洗澡水和孩子一起泼掉。

从结果层面来看，网络水军的造谣中伤、炒作诽谤，如果侵犯他人的名誉，就有可能构成侮辱罪、诽谤罪或者损害商业信誉、商品声誉罪。但是，刑法是"补充法、最后法"，不到万不得已不宜轻易使用，否则不仅浪费有限的司法资源，还可能导致寒蝉效应，伤害网络世界的言论自由。因此，必须仔细审视下列问题。

关于名誉权的保护范围。名誉是一种规范判断，它可以理解为是一种具有道德评价的信息。对他人名誉的侵犯，也就是在减损社会一般人对他人的道德评价。为了避免法律传达出错误的信息，应该根据社会主流价值观念对"名誉"进行规范评价，排除那些与主流道德无关的信息，避免法律的泛道德化。

在著名的"艾滋女事件"中，法院在判决中认为，被告人杨某利用散发、传播他人裸照、性爱视频照片等方式公然泄露他人隐私，故意捏造被害人被强奸、当"小姐"和患有艾滋病等虚假事实，在互联网上迅速传播，严重损毁了被害人的人格和名誉，严重危害了社会秩序，其行为已构成侮辱罪、诽谤罪。在此判决中，杨某编造被害人当"小姐"卖淫的行为贬损了被害人的名誉，如果杨某没有捏造被害人当"小姐"卖淫的事实，那其行为也就不会侵犯名誉权，不构成诽谤罪。但这种捏造行为仍侵犯了被害人的人格权，被害人可对其提起民事侵权赔偿。

值得思考的另外一个问题是，得到他人同意的侵犯名誉或商誉的行为是否构成犯罪？在"凤姐事件"中，凤姐的尊严为民众任意亵渎，网络水军充分利用了人们的愤怒、鄙夷、咒骂捧红了"凤姐"，虽然这一切都是凤姐本人同意，但这种同意是否有效？一般认为，比较重要的个人利益以及明显带有公共利益属性的个人利益，个人不能自由处分，但相对次要的个人利益一般可以自由处分。名誉权是一种相对

次要的个人利益，并非不可复原。得到他人同意的侮辱、诽
谤或者损害商业信誉、商品声誉的行为不宜以犯罪论处。

网络水军只是一种新型的舆论传播工具，用之得法，
可以发挥其积极作用。并且在某种意义上，当民间的网络
水军可以制造议题，引导民众舆论，本身就促进了社会的发
展。即便这种舆论有失真之处，但让权力关注，这本就是
一种进步。为了确保网络世界的言论自由，对于网络水军
刑法的规制应尽可能地慎重，只有当其故意侵犯他人的名
誉、商誉权，并达严重之程度时，才可对主要责任人员动用
刑罚工具。

# 思想、言论和惩罚的边界

　　元狩六年（公元前 117 年），由于国库空虚，汉武帝决定进行货币改革，发行白鹿皮币，一币值40 万钱。原料是现成的，皇家园林上林苑中的白鹿。发行新币，武帝想听听大司农颜异的意见，因为此人性格耿直，为官清廉。而颜异表示反对，理由是现今王侯朝贺所献的苍璧（玉器的一种）才值数千钱，而白鹿皮反值40 万钱，有点本末不相称。听罢此言，汉武帝非常不爽。

　　武帝的心情是政治的晴雨表，不用领导亲自指示，下面的人就开始忙活，到处收集颜异的"黑材料"。不久，就有人向武帝密告颜异谋反，武帝当即指示酷吏张汤负责侦办此案。随后，有人向张汤反映，说有客人到颜异家议论国事，对缗钱之法大发牢骚，颜异没有表态，但却微微撇嘴——"异不应，微反唇"。张汤立即向武帝汇报，说颜异见法令有不当之处，不到朝廷反映，居然在心里非议——"不入言而腹诽"，该判死刑。武帝准奏。

　　张汤这个发明很伟大，因为他将刑法的镇压功能发挥到了一个无法超越的高度，"腹诽"不需要有任何语言、行为或举动，只需皇帝一句话，甚至一个眼神，说你有罪，你就有罪，无罪也是有罪；说你无罪你就无罪，有罪也是无罪，这也就是司马迁所说的，其所治"即上意所欲罪，予监史深祸者；即上意所欲释，与监史轻平者"①。总之，一切的一切只需揣摩"上意"，唯此马首是瞻。

　　将腹诽的发明权完全算在张汤头上，其实是抬举他，他不过是站在巨人的肩膀上，创造性地将前人的智慧发扬光大而已。张汤是个大老粗，当时的丞相汲黯就嘲笑他没什么文化。张汤手下有一批文化人为他寻章摘句，充当理论打手，"汤决大狱，欲附古义，乃请博士弟子治尚书、春秋，补廷尉史，平亭疑法"②。腹诽是有理论依据的，据《荀子·宥坐》等文献记载，它来源于孔子的春秋大义。鲁定公十四年（公元前496年），孔子时来运转，受聘为鲁国最高司法官员（大司寇）并代理宰相一职（摄相事），上台仅七天，就诛杀了当时的著名学者少正卯。据荀子与东汉王充考证，少正卯和孔子一样，都系当时名重一方的著名学者，但两人学术观念迥然有别，两人同时都在讲学，而且少正卯的授课方式可

---

① 《史记·酷吏列传》。
② 《史记·酷吏列传》。

能更受学生欢迎，以致孔子的学生也跑去旁听，孔子的课堂一度出现三满三空的现象。最绝的一次，课堂上只剩下颜渊一个人，其他人都跑了。孔子掌权之后，第一件事情就是拿这位学术对手开刀。孔子给少正卯罗织了五大罪名：其一，心达而险，为人通达但居心叵测；其二，行辟而坚，行为乖僻但意志坚强；其三，言伪而辩，观点不对但却善于狡辩；其四，记丑而博，宣扬歪理邪说但却非常博学；其五，顺非而泽，是顺从异端且大力赞赏。孔子说，这五种罪恶，有其中一种就应被诛杀，而少正卯五条全占齐了，是小人的奸雄，不杀不足以平民愤。最后，孔子用《诗经》的话总结道："忧心悄悄，愠于群小"——宵小成群，让人担忧啦！

这可谓开思想治罪之先河，后世的君王都或明或暗对这种做法非常推崇，汉文帝就觉得杀得好，遵照这个指示，一大批博士（官名）把孔子的教诲直接写进了《王制》，成了定罪的正式法律条文："行伪而坚、言伪而辩、学非而博、顺非而泽以疑众，杀。"颜异的"腹诽"、岳飞的"莫须有"、于谦的"意欲罪"以至后世反反复复的文字大狱都是从这个传统脱胎而出，而且越走越远，越走越宽。

根据思想治罪，将思想作为刑法恣意干涉的对象，人的自由也就彻底丧失，人完全失去了作为人应有的价值，人们活着的目标就是成为一只听话的小狗，即便这样，也不能保证就受当权者欢喜，任意刑杀的恐惧残留在每个人的心中。
我不禁想起帕斯卡尔，这位孱弱的法国思想家，39 岁就离开
人世，他告诉我们：

"人只不过是一根苇草，是自然界最脆弱的东西；但他
是一根能思想的苇草。用不着整个宇宙都拿起武器来才能毁
灭；一口气、一滴水就足以致他死命了。然而，纵使宇宙毁
灭了他，人却仍然要比致他于死命的东西更高贵得多；因为
他知道自己要死亡，以及宇宙对他所具有的优势，而宇宙对
此却是一无所知。"

"思想，人的全部尊严就在于思想！"①

如果认为人有区别于其他生物的价值，如果不想人类社
会故步自封，那么我们怎能没有思想自由？马克思曾不无激
情地指出：

"你们赞美大自然悦人心目的千变万化和无穷无尽的丰
富宝藏，你们并不要求玫瑰花和紫罗兰散发出同样的芬芳，
但你们为什么却要求世界上最丰富的东西——精神只能有一
种存在形式呢？我是一个幽默的人，可是法律却命令我用严
肃的笔调。我是一个豪放不羁的人，可是法律却指定我用谦

--------

① ［法］帕斯卡尔：《思想录》，何兆武译，商务印书馆 2015 年版，
第 176、183 页

逊的风格。一片灰色就是这种自由所许可的唯一色彩。每一滴露水在太阳的照耀下都闪现着无穷无尽的色彩。但是精神的太阳，无论它照耀着多少个体，无论它照耀什么事物，却只准产生一种色彩，就是官方的色彩！精神的最主要形式是欢乐、光明，但你们却要使阴暗成为精神的唯一合适的表现；精神只准穿着黑色的衣服，可是花丛中却没有一枝黑色的花朵。"①

刑法要促进社会发展，而不能使社会陷入停滞，因此必须确立思想自由，尊重人之为人的价值，将人从恐惧中解放出来，为社会的发展提供源源不断的思想动力。密尔在其大作《论自由》中，曾激动地指出：

"作为一个思想家，其第一个义务就是随其智力所知而不论它会导致什么结论……不是单单为着或者主要为着形成伟大的思想家才需要思想自由。相反为着使一般人都能获致他们所能达到的精神体量，思想自由是同样或者甚至更加必不可少。在精神奴役的一般气氛中，曾经有过而且也会再有伟大的思想家。可是在那种气氛中，从来没有而且永不会有

---

① 《马克思恩格斯全集》中文版第 1 卷，人民出版社 1956 年版，第 7~8 页。

一种智力活跃的人民。"①

现代刑法理论认为，思想是绝对自由的，如果没有行为，无论如何异端邪恶的思想都不能进入刑法评价。孟德斯鸠在《论法的精神》中举了个例子：马尔西斯做梦割断了狄欧尼西乌斯的咽喉。狄欧尼西乌斯因此把他处死，说他白天不这样想夜里就不会做这样的梦②。用孟德斯鸠的话来说，这是大暴政，因为即使马尔西斯曾经这样想，但并没有实际行动。无行为，无犯罪，这是惩罚的底线。

退一步说，对思想进行惩罚在客观上也是不现实的。当甲与乙发生口角，遂生杀害乙之意图，每日无时无刻不在思索此事，甚至策划如何杀人、如何掩盖罪证等种种步骤。如果要对甲的意图进行惩罚，就必须证明意图的存在。但如果没有具体的行为，人们如何能知道甲的意图呢？我们对于自己先前的想法都很难重构，更不要说去还原别人的心了。

如果有一天科技发达，可以发明一种"扫描器"识别人之内心，对于流露出像甲这种邪恶想法的人，那是否可以处罚呢？结论当然也是否定的，即便是完全遵纪守法的公民，

① ［英］密尔：《论自由》，程崇华译，商务印书馆1997年版，第35页。

② ［法］孟德斯鸠：《论法的精神（上）》，张雁深译，商务印书馆1996年版，第197页。

偶尔也会流露出邪恶的念头。如果要求人们时时刻刻都保持善良公义的念头，不允许有丝毫的恶念，这种社会不可能存在于人间。类似于甲的想法，很可能是一种白日梦，邪恶的念头可能转瞬即逝，很少有人会把这种念头付诸实践。只有当人们在错误的意图支配下实施了错误的行为，对他才可以进行惩罚。而当人们出现错误的念头，但最终选择放弃，没有任何实施危害行为时，对他就完全没有必要惩罚。社会必须给人们适度的喘息空间。

只有当思想变成行为，才可能进入刑法领域。比如，甲在杀人意图的折磨下已无法自拔，已经开始购买刀具、毒药准备杀人，这种杀人的预备行为就不再属于思想，具有惩罚的必要性。

一个非常经典的案件就是美国的雷诺德案。雷诺德是摩门教徒，此教全称叫作"耶稣基督后期圣徒教会"，曾奉行一夫多妻制。19世纪50年代，一批摩门教徒西进至后来成为犹他州的地方，并在此发展壮大。当时大部分美国人是传统的基督教徒，实行一夫一妻制，但是联邦法律并没有关于重婚或一夫多妻制的禁止性规定，直到1862年，国会才通过法律，明确宣布一夫多妻制为非法。

摩门教的领袖叫作布瑞厄姆·杨，他和顾问乔治·加农都是犹他州议会的议员，认为这侵犯了他们神圣的宗教信仰，于是决定通过司法程序向法律提出挑战。他们找到杨的私人秘书乔治·雷诺德，让他作"替罪羊"，他是虔诚的摩门教徒，娶了两个太太。他们让人检举雷诺德重婚，试图将案件最终告至联邦最高法院，从而推翻法律。经过马拉松式的诉讼过程，案件终于到了联邦最高法院。1878 年 11 月 14 日和 15 日，在最高法院，雷诺德的辩护律师慷慨陈词，认为根据宪法第一修正案，雷诺德的宗教信仰自由必须得到尊重，国会通过禁止重婚的法律是违宪的，应予推翻。经过激烈的辩论，1879 年 1 月 6 日，联邦最高法院最终维持雷诺德重婚罪成立的判决。最高法院认为，宪法第一修正案不保护一夫多妻制，因为一夫一妻制是基于美国历史的基本价值取向由法律确认的婚姻制度，任何公民和团体都没有超越法律的特权。①

雷诺德案是一个经典的关于思想自由边界的案件，作为一种宗教，如果仅仅宣称一夫多妻，即使这种教义已经形成一套缜密的理论体系，严重威胁一夫一妻制的理论基础，但只要没有真正实践，那它就属于思想范畴，法律也不能干涉。但是，雷诺德却从思想进入了行为领域，实施了重婚行

① ［美］希尔斯曼：《美国是如何治理的》，曹大鹏译，商务印书馆1986 年版，第 432 页。

为，这就踏入了法律的雷池禁区。事实上，在陪审团对雷诺德案进行定罪时，根本不涉及摩门教教义本身是否正确，他们只是对雷诺德重婚的事实进行认定。

除了思想，任何人都不能以自由的名义免除自己应该承担的法律义务，正如对雷诺德案作出维持原判的联邦最高法院大法官杰弗逊所指出的："如果有人相信，以人殉葬也算一种宗教仪式，难道也允许这么做吗？同样，基督教科学家也不能禁止他们上学的孩子接种牛痘。"① 最高法院的判决沉重打击了摩门教徒，1890 年，摩门教会会长韦尔福德·伍德拉夫发表声明，宣布结束"任何被本国法律禁止的婚姻"。1890 年以后，大多数摩门教徒都放弃了一夫多妻制。

与思想相关的是言论，它是思想的延伸，但又不完全等同于思想。言论，如同出版、集会、结社、游行、示威等方式一样，都是思想的表达形式。如果言论等表达方式不自由，也就不可能存在思想自由。当哥白尼终日思考着"日心说"，如果不将这种念头表达出来，那他就不可能拥有完全的思想自由，表达自由是思想自由的合理延伸。然而，表达自由毕竟不同于思想自由，思想是绝对自由的，而言论等表

---

① ［美］希尔斯曼：《美国是如何治理的》，曹大鹏译，商务印书馆1986 年版，第 433 页。

达自由则是相对的。比如，对他人的公然侮辱，或者在电影院假称有炸弹而恐吓他人，这些言论在任何国家都是要受到限制的。

何种言论应当受到限制？这个标准不能过于严格苛刻，否则就会妨碍思想自由的实现。美国有一个"清楚且现实的危险标准"，意思是只有当某种行为会"清楚且现实"地造成危害社会的结果，才有限制的必要。这种标准要考虑三个要素：其一，主观上是否是恶意的；其二，是否具有侵害的急迫性；其三，在概率法则上，是否具有侵害的可能性（Likelihood）。根据这个标准，即便一种言论在鼓吹暴力，但一般人看到或听到此类宣传会感觉可笑，不会清楚且现实地产生危险，那就没有惩罚的必要。这个标准越来越值得我们借鉴。

# 法律人的理智
# 和多数人的情感

# 见死不救，该当何罪？

前段时间，一则撞车视频再次刷爆朋友圈，一名女子在过斑马线时被出租车撞倒，路人无动于衷，倒地的女子随后又被第二辆车碾轧，该女子在车祸中死亡。

看完视频，心里有说不出来的难受。网络上民意沸腾，有人说，冷漠成了这个社会的绝症；还有人说，雪崩发生时，没有一片雪花是无辜的。

"日光之下，并无新事"，几年前佛山的"小悦悦事件"也曾引起民众的广泛关注，当时还有人大代表提出议案，希望刑法增设"见死不救罪"，试图借助法律匡扶摇摇欲坠的社会道德。

作为法律学者，我深知法律无力提升民众的道德水平，但是法律至少应当有所作为。

那么，法律需如何应对"见死不救"呢？

首先要说明的是，对于特定群体之间的"见死不救"，如父母之于孩子，又如丈夫之于妻子，再如警察之于伤者，这自然都属于犯罪，并无太大争议。复杂的是，类似撞车视频中的路人，他们和伤者之间并不存在这些特定的关系。

对此问题，在世界范围内有"坏撒玛利亚人法"和"好撒玛利亚人法"两种做法。

这个奇怪的法律名字来自"好撒玛利亚人"这个典故。[①] 这个典故告诉我们，"爱人如己"不仅仅要爱我们所想去爱的人，还要爱那些我们所厌恶的人，同时爱一定是要付出代价的。因为这个典故，就出现了"坏撒玛利亚人法"和"好撒玛利亚人法"两种处理"见死不救"的立法风格。

所谓"坏撒玛利亚人法"（Bad Samaritan law），也即要求公民在他人遭遇人身严重危害的时候，如果施以援手对自己没有损害，就应该积极救助，否则要承担相应的法律后果。这种立法最早出现在 19 世纪的葡萄牙，随后的 100 年，至少为包括德国、法国在内的 15 个欧洲国家的刑法典所采纳。英语国家很少采取类似的立法例，在美国 50 个州，当前只有明尼苏达、威斯康星、佛蒙特少数几个州规定了这种法律。当时，促使美国出现这类立法的一个著名案例是发生在纽约的邱园案（kew gardens）。一天深夜，一位名叫科迪·吉洛维斯（Kitty Genovese）的女子被刺伤，躺在路上奄奄一息，拼命地向周围的邻居呼救，呼叫了半个多小时，周边的

---

① 参见本书第 81 页。

38 个住户依然无动于衷，甚至连个报警电话也未曾拨打，大家从窗户上看到了一切，听到了一切，却眼睁睁地看着邻居惨死街头。随后，美国有个别州出台了相应的法案，要求公民在类似情况下必须履行一定的救助义务。比如，遇到像杀人、强奸等恶性刑事案件，若无力制止，至少应该报警，如果无动于衷就可能构成犯罪。① 但对这种犯罪属于轻罪（misdemeanor），处理通常是点到为止，以佛蒙特州为例，其刑罚不过罚金 100 美元。与此形成鲜明对比的是欧陆的立法，如法国对此行为的处刑，最高可达 5 年监禁。②

在英语国家常见的是"好撒玛利亚人法"（Good Samaritan law），或称自愿者保护法（volunteer protection law），通过法律来鼓励善举。这种法律的主要精神在于免除见义勇为者的后顾之忧，如果一个人本着善意无偿施救他人，在救助过程中，即使出了纰漏（只要不是故意或重大过失），也不应承担责任。这样人们就不用因担心行善反遭恶报而见死不救。比如，在医生偶遇路人心脏病突发，医生可能会担心如果救治失败会惹上麻烦，该法就可以消除医生的顾虑，让他

---

① Michael Davis, How Much Punishment Does a Bad Samaritan Deserve? Law and Philosophy, Vol. 15, No. 2 (1996), p. 93.

② ［美］范伯格：《刑法的道德界限》（第一卷），方泉译，商务印书馆 2013 年版，第 139 页。

放心行善施救。

从社会效果来看，"好撒玛利亚人法"明显要强于"坏撒玛利亚人法"，鼓励人行善比强迫人行善要容易得多。当前，为什么这么多人见死不救，也许不单单是道德滑坡的问题，而是绝大多数人心存顾虑，害怕惹上麻烦。善遭恶报的案例在中国已不是一起两起，在这种背景下，设立"见死不救罪"，要能起到实际效果，真是痴人说梦。

在笔者看来，"见死不救罪"没有设立的必要性和可行性，否则就会混淆法律和道德的界限，使惩罚失去必要的约束。如果规定"见死不救罪"，文章开头所提及的视频，谁构成犯罪？岂不是所有看客、所有路人都要受刑事追究，总不能说谁离伤者最近，谁最富有，谁就应该履行救助义务，如果这样，定罪量刑岂不成了抓阄式的司法儿戏？

法律不可能激进地改变社会现实，唤起人们的道德意识也不是一朝一夕之事。在很多制度都不健全的情况下，贸然在法律中设立"见死不救罪"，它又能有多少作为？别的不说，单说医疗保障制度的不健全就会使得相当一部分人放弃行善的念头，好心把伤者送到医院，昂贵的治疗费谁出？让医院一律发扬公益之心而救死扶伤可能不太现实。

重建道德，要靠各种制度的齐头并进，法律能做的其实非常有限。法律只是对人的最低道德要求，它不可能也不应该强人所难。我们不可能期待每个人都像康德哲学所提倡的那样，不计利害地遵守道德戒律。

在当前的背景下，法律所能做的，只能是尽量地减少善行人的后顾之忧，鼓励而不是强迫见义勇为，从这个角度来说，"好撒玛利亚人法"值得借鉴。我们的法律亟待为人们行善创造积极的条件。比如，对于司法实践中屡见不鲜的救人反被诬陷案，对于诬陷者，法律必须严惩。刑法规定了敲诈勒索罪，救人被诬，完全符合该罪的构成要件。此罪的成立有两种情况，一是数额较大，二是多次敲诈。司法解释规定的数额较大标准是 2000 至 5000 元之间，各地根据情况在此幅度内确定具体的标准（如北京市的标准是 3000 元）。同时，司法解释也规定，在特殊的情况下，如造成严重后果的，数额可以减半计算。救人被诬，一般都应认定为造成严重后果，数额应当减半计算。即便敲诈未果，也应该以犯罪未遂对待。对于"专业诬诈者"，法律还规定了多次敲诈，只要两年内三次敲诈，无论数额大小，都可以犯罪论处。遗憾的是，在司法实践中，很少看到诬人者以敲诈勒索论处的案例，不知是媒体刻意回避报道这类案件，还是这类案件根本就不会进入司法程序。

期待我们的法律能够为善行创造积极的条件，让人们心中日渐麻木的坚冰融化，让我们看到重新燃烧的人心之火。

# 路边的野草你不能采？

据媒体报道，河南一位农民因为无意间采挖3株"野草"就构成犯罪。秦某发现其农田附近的山坡上长着类似兰草的"野草"，便在干完农活回家时顺手采了3株，被森林民警查获。经河南林业司法鉴定中心鉴定，秦某非法采伐的兰草系兰属中的蕙兰，属于国家重点保护植物。后秦某被以非法采伐国家重点保护植物罪判处有期徒刑3年，缓刑3年，并处罚金3000元。据说，这个判决不仅让秦某的思想受到了极大震动，也使周边的群众受到了深刻的法治教育。[①]

一段时间以来，类似判决屡见不鲜。自从天津老太摆射击摊被控非法持有枪支罪被报道以后，全国上下又有多起买卖仿真枪以非法买卖枪支罪被判重刑的案件。根据媒体描述的事实，这些判决都有一个共同的特点：当事人并不知道涉案的"野草"、枪支系法律上珍贵植物、管制枪支，但却仍

---

① 参见《采了3株"野草"男子获刑3年》，载《河南法制报》2017年4月17日。

以犯罪论处，相关判决结论都与一般民众的看法相去甚远。

到底民众的见解具有朴素的正确性，还是法官的裁决具有法律的正当性呢？

类似问题，历史上早已有之。《晏子春秋》记载：齐景公爱槐树，下令官吏派人严加看护，下达法令，如有犯槐树者，处刑；如果将槐树弄伤，罪当处死。有人不知此令，酒醉后在槐树旁呕吐，"冒犯"槐树被抓。宰相晏子为此事劝谏景公，说此人不知道法令，是无辜的，"刑杀不辜，谓之贼"，是国之大忌。景公接受晏子的意见，将此人释放，并废除伤槐之法。

伤槐一事涉及刑法上的认识错误，行为人在实施某行为，并不知行为构成犯罪，在晏子看来，就不能治罪，这其实也是"不知者无罪"观念的另一种体现。

然而，古罗马却有一个古老的法谚，"任何人不能以不知法而免责"。

传统的刑法理论大多采取古罗马立场，"不知法不免责"。其理由在于：首先，公民有知法守法的义务，既然是一种义务，不知法本身就是不对，没有尽到一个公民应有的责任，岂能豁免其责？其次，如果允许这种免责理由的存在，任何人犯罪，都可能以不知法来狡辩，法盲犯罪层出不穷，会给司法机关认定犯罪带来极大困难。

　　上述论证有很强的功利主义和实用主义色彩，更直截了当地道出个中原委的是美国大法官霍姆斯："不知法不免责是为了维护公共政策，因此可以牺牲个体利益。虽然有些犯罪人的确不知自己触犯法律，但如果允许这种免责理由，那将鼓励人们对法律的漠视，而不是对法律的尊重和坚守。"①

　　这些辩解看似言之凿凿，但却与人们生活经验相抵触。如果说公民应当知悉法律，那法律一经颁布，就大功告成，任何人都应无条件服从，那为什么国家还要大张旗鼓开展法制教育，普及法律知识？这不就是害怕人们会出现"不知法而误犯"的现象吗？不要以为只有今天才有《今日说法》《法治进行时》等普法节目，古代君主都非常注意法律的宣教。明太祖朱元璋在《大明令》颁布后，唯恐"小民不能周知"，命令每个郡县都要颁行律令直解，后来又鉴于"田野之民，不知禁令，往往误犯刑宪"，于是在各地都设了个申明亭，凡是辖区内有人犯罪的，都要把他的过错，在亭上贴出，以警世人。后来颁行《大明律诰》时，朱元璋甚至给每家免费派送一本，要求臣民熟视为戒。② 朱元璋之所以如此

---

① Joshua Dressler, *Understanding Criminal Law* (4th edition), Lexisnexis (2006), p. 181.

② 高铭暄、钱毅：《错误中的正当化与免责问题研究》，载《当代法学》1994 年第 1 期。

行为，很难说不是受到"不知者不罪"传统的影响。

要求公民知法守法，是一种国家主义的立场：要求治下小民乖乖听话，无论是否知道，只要国家颁布法律，你就有知晓的义务。有观点甚至认为，通过对在道德上无辜的人定罪，就能够促使其他人更好地了解自己所承担的法律义务。显然，这和现代刑法所倡导的个人本位立场格格不入，怎能为了所谓的国家、社会利益，就完全牺牲无辜民众的自由？另外，人们之所以守法，更多是因社会习俗、道德规范的耳濡目染，不杀人、不盗窃、不奸淫，与其说是法律规定，还不如说是一种道德教化。

如果说在法律并不发达的古代社会，要求公民知法守法还有实现的可能性，那么在现代社会，如此繁杂多样、不断变化的法律，要求公民一一知悉，这简直就是不可能实现的任务，即使是法律专业的学生，也不可能知道所有的法律条文。法律所规定的珍贵动物、植物的种类，即便专事刑法研究的学者也无法周知。更何况随着国际交流的增多，一国公民对另一国法律不太熟悉也是常有之事。

对待法律认识错误，英美法系最初基本上遵循古罗马传统，但后来有所松动。1949 年美国马里兰州的霍普金斯案（Hopkins v. State）是"不知法不免责"的经典案例，该案曾被广泛引证。当时，马里兰州出台法案，禁止牧师在旅馆、车站、码头、法院等地张贴主持婚礼的广告，变相攫取钱财，法律的目的是管束婚姻缔结，防止重婚的泛滥。但该法没有得到很好的实施。几位牧师贴广告之前，觉得不妥，特地咨询了该州司法部长，部长回复他们说该行为并不违法。牧师们于是放心大胆地张贴广告。后来这几名牧师因违反该法案被捕，在法庭上，他们以事先咨询过司法部长、不知行为违法为由进行辩解，但初审法院和上诉法院都拒绝这种辩解，认为即便咨询司法部长对法律的认识错误也不能免责。[1]

　　同年，特拉华州也发生了一起相似的案件，法官却作出完全相反的判决。当时，特拉华州有位龙先生（Long v. State）想和妻子离婚，然后与别人结婚，但特拉华州的离婚程序比较烦琐，他特意咨询了当地一位知名的婚姻法律师。律师建议，可以先去其他州离婚，然后再回来结婚。按照这个建议，龙先生迅速赶往阿肯色州办完离婚手续，又返回到特拉华州准备结婚。为了稳妥，结婚之前，他再次向那位律师询问是否妥当，得到的答案是肯定的。为其主婚的牧师觉得事有不妥，又一次独自请教那位律师，得到肯定答案后才放心地为龙先生主婚。不幸的是，律师的建议是错误的，特

---

[1]　Hopkins v. State, 193 Md. 489, 69 A. 2d 456（Md. 1950）.

拉华州法律不承认其他州的离婚判决，龙先生被诉重婚。此案经三次审理，前两次龙先生都被认为有罪，理由是"不知法不免责"，但特拉华最高法院却推翻了前两次判决，认为龙先生重婚罪不成立。①

上述两个案件引发了人们对于传统规则的反思，人们开始觉得严格遵循"不知法不免责"的做法并不一定恰当，可能对被告太过严苛。1962 年美国法学会出台的模范刑法典对传统规则给出了一些例外，认为有两种情况可以免责。一种是"官方原因所导致的法律误解"（officially induced error of law），行为人之所以不知道法律，是因为听信了像司法判决、行政命令或者其他负有解释、执行法律职责的机关及其官员的意见。另一种是法律无从知晓，如法律尚未公布或者没有合理的生效。②

在法律认识错误问题方面，大陆法系的德国走的是最远的，最为彻底。1975 年《德国刑法典》第 17 条明确表明自己的立场："行为人行为时没有认识到其违法性，如该错误认识不可避免，则对其行为不负责任。如该错误认识可以避免，则可减轻处罚。"按照德国法律的规定，无论是"霍普

---

① Long v. State, 5 Terry 262, 65 A. 2d 489（Del. 1949）.
② ［美］弗莱彻：《刑法的基本概念》，王世洲等译，中国政法大学出版社 2004 年版，第 199 页。

金斯案"，还是"龙先生案"，都不构成犯罪，因为行为人对于法律的认识错误是不可避免的。

我很欣赏德国的做法。用可避免原则来处理法律认识错误可以最大限度防止情与法的冲突，让人合理安排行为。人们遵纪守法靠的是日积月累的道德教化，而不是空洞的法律说教，法律的指引功能最终要通过人类的日常行为规范来实现。人们不闯红灯，不是因为道路交通安全法如是规定，而是因为经过多年的教育和实践，红灯停、绿灯行已经成为我们的行为准则，但如某人从小生长在边远山区，从未见过汽车，也没有见过红绿灯，很难想象此人初到城市会在红灯时停下脚步。

一般人的日常行为规则就是认识错误可否避免的判断标准。对于正常的城市人，如果乱闯红灯导致交通事故，然后说自己不知道这个交通规则，这说不过去，因为认识错误是可以避免的。但对从未见过红绿灯的人来说，初犯这种错误，可能是无法避免，没有必要处罚。但是，犯过一次错误，经制止再闯红灯，那就不能原谅。

笔者在美国访学期间，曾与朋友们驾车出游，途经金门大桥收费站，排队车辆很多，而旁边车道车辆很少，道前收费站立一大牌，上书"速通"。我隐约记得加州交规规定，一车载客三人可免交过桥费（为了节约能源），当时我们环顾四周，发现速通道上行驶的车辆，载客都在三人以上，于是立即将车转入速通道，经过收费站时，无人收费，也无栏杆，车辆飞快通过，笔者当时还感叹美国人的自觉。几天后朋友收到罚单，理由是车辆没有安装电子速通卡，擅自闯关，除补交过桥费外，还要缴纳高额罚款。此时，我才恍然大悟，原来速通道上的车辆都装有速通卡，接受电子仪器监控，难怪无人看管。而所谓的三人以上免交过桥费是在上下班高峰期。到了交管部门，我们道明事情经过，经办人员查了车辆违章记录后，发现仅有一次违章，居然认同我们的申辩，罚款免交，补交过桥费即可。我想，这种申辩肯定只能被采纳一次。

哪些错误是可以避免的呢？对于像杀人、抢劫、强奸等传统犯罪，任何人都不应出现错误认识，这种犯罪都具有明显的道德过错，认识错误是可以避免的，父亲杖毙横行霸道的儿子，以"不知道杀人违法"作为辩护，无论如何也不能使人接受，"禁止杀人"是人类最基本的行为禁忌，这个认识错误是任何人都应该避免的，否则社会秩序就会大乱。但是，对于一些新型的犯罪，尤其是缺乏明显道德过错的犯罪，如果普罗大众都很难避免出现认识错误，这种错误当然就可以否定行为人的罪责。

作为免责理由，法律上的认识错误可能被滥用，导致有人假装不知法律，逃避惩罚。应该说，这种现象无法避免，任何法律注定存在漏洞，但若因此就废除该项规定，这有点因噎废食、因小失大了。沿用传统的"不知法不免责"的确可以防止类似法律漏洞，但却在另一方面造就了更大的法律漏洞，无辜民众可能受到不应有的刑事处罚。对于犯罪，国家没有必要如临大敌，放纵少数犯罪分子总比放纵刑罚权要安全得多。恶意滥用此种免责理由的人总是少数，而且通常只限于轻微的犯罪，诸如故意杀人、放火、劫机等严重犯罪的人，即使他们以此为辩解，也不可能被接受。再说，即便滥用也不过一次，下次再犯，当然无法原谅。没必要睚眦必报，给人一次犯错的机会，方能彰显国家的气度。

当然，法律也应尽可能地弥补漏洞。一种可行的办法是，对于法律上的认识错误，举证责任由被告人承担，如果被告人提不出充分的证据来证明自己无法避免出现认识错误，那么他就要承担对其不利的法律后果，这种做法可以在国家追诉犯罪和保障公民自由两个价值中达到平衡。

法律是道德的载体，它永远不能忽视民众朴素的道德情感。无论是立法还是司法，如果缺乏道德的支持，其正当性都值得怀疑。对于道德所认可甚至鼓励的行为，法律没有必要穷追不舍。总之，如果一种法律上的认识错误民众无法避免，这种认识错误自然可以排除罪责，否则将是民众无法承受的法律重担。假如媒体的描述与事实没有出入，那么无论是采摘"野草"的农夫，还是摆射击摊的小贩，都不能以犯罪论处。对其即便科以缓刑，仍然是错误的。不知者无罪不仅是一种古老的智慧，更是深藏于你我心中普遍的共识。

还是用晏子的话来结束本文：刑杀不辜，谓之贼，国之大忌。

# 舆论真能绑架司法吗？

每当汹涌的舆论对司法提出批评，一种惯常的论调便浮出水面，那就是"舆论会绑架司法"。

舆论真有这么大的作用吗？

我不禁想起聂树斌案，媒体长达十多年的跟进，无数的报道，无数的泪水，一波又一波汹涌的舆论，但若关键人物没有被追责，再多浩瀚的舆论又有何用？当聂树斌案被平反的那一天，有人说这是中国法治的进步，而我感到的只是悲凉。

司法真正忌惮的从来不是舆论，而是舆论背后那种捉摸不定的权力意志。如果说舆论会干扰判决，那也只是问题的表象，深层次的原因仍是权力对司法的干涉。如果司法能够摆脱权力的肆意干涉，舆论根本就不可能影响司法的独立裁决。新闻舆论的监督自由与司法的独立裁判本是法治社会存在的重要前提，两者本可形成良好互动，但恰恰因为司法的现状，造成了媒体、舆论干扰司法的表象。

真正能够绑架司法的是权力、金钱、人情，还是舆论？

如果拒绝舆论对司法的监督，在司法领域中，权力会不会肆无忌惮？在哪一个热点案件中，舆论导致案件的处理背离了正义的原则呢？是"聂树斌案""呼格吉勒图案"，还是"念斌投毒案""赵作海案"，甚或"佘祥林案""天津老太贩枪案"？哪一个热点案件会因为舆论的关注而使案件的判决违背了事实和法律呢？认为舆论绑架司法的人，希望你们能够诚实地回答上述问题。

建设法治国家，首先就是约束权力，舆论在这方面功不可没。法治不是普法教育，不是天天"今日说法"，夜夜"法制节目"，只要求百姓知法守法是刻薄寡恩的法家，而非以限权为己任的法治。法治的基本精神是对一切权力的限制，"权力导致腐败，绝对权力往往导致绝对腐败"。人性中那些天然的良善和道德，时刻面临着各种严酷的试探和特权的侵蚀，并且事实无数次的证明，我们的人性最终无法抵制这些致命的诱惑。在所有的国家权力中，刑罚最为可怕，它直接针对公民的人身、财产和自由，甚至生命，如果这种权力腐化滥用，后果不堪设想。如培根所言，一次犯罪不过是污染了水流，而一次不公正的司法却是污染了水源。相比犯罪，随时可能被滥用的刑罚权对社会的危害可能更大。

作为法律人，我们接受了太多技术主义训练，拥有很多的法律知识。但是，如果没有良知的约束，法律技术主义比法盲更可怕。

　　法学是一种关于权利与义务的科学，而权利、义务与道德规范有密不可分的联系。无论如何定义法律，法律在原则上都不能超越社会良知的约束。刑事惩罚的一个重要依据就是在道义上是否值得惩罚，因此，任何人都有权利就此发表看法，这不取决于他的职业、他的学历、他的财富，而只是因为他是一个人，一个拥有理性和良知的人。

　　如果刑法问题只有法律人士才可以发表见解，如何保证这少数群体不会被收买呢？在纳粹德国，就有许多法律学者以学术的名义，将犯罪与道德完全剥离，视犯罪为一种"疾病"，罪犯也就成了"病人"，当犯罪和疾病被等量齐观，那么专家就可以将任何让政府不爽的行为冠以"疾病"的名义对其实施强制性的"治疗"。对此，"病人"以及民众都无法质疑，因为专家使用的是"治疗""疾病"等专业概念，对于这些专业概念，普罗大众根本没有发言权。

　　没有感性的理性是冰冷的机器，没有理性的感性则是狂热的激情，法律人应当平衡理性与感性。我们要尊重舆论的感性表达，但同时我们也要超越舆论的偏见与盲目，防止多数人的暴政。舆论有可能为某些势力所利用，西太后般对义和拳的利用在历史上屡见不鲜。托克维尔在《论美国的民主》中一再提醒人们警惕多数人的暴政，并认为这是民主制度的悖论，如果不妥善处理好这个问题，民主将会被其自身所摧毁。但是，托氏很高兴地发现，在美国，对抗这种问题的最有效武器就是法律人的规则意识与保守精神。法律要承载人类共通的道德规范，尊重每个个体的尊严，通过正当程序让正义在每个个案中得到践行。如果一种舆论为人蛊惑利用，肆意突破人类基本的道德良知，践踏个体的尊严，法律必须超越这种偏见。

作为理性的法律人，我们需要舆论去唤醒我们的感性，以免我们的良知在技术主义的深渊中沉睡。

我们尊重规则、尊重传统、尊重权柄，我们更尊重内心神圣的道德法则。

在每个案件中，我们都期待正义的实现，虽然正义可能迟到。

# 辱母杀人，该当何罪？

前段时间，山东聊城一起"刺死辱母者"的血案"刷爆"朋友圈。因不堪忍受母亲被多名催债人欺辱，22岁的男子于欢用水果刀刺伤四人，导致其中一人死亡。聊城市中级人民法院一审以故意伤害罪判处于欢无期徒刑。判决结果一经公布，立即引起轩然大波。相当多的声音认为，于欢的行为属于正当防卫，判处无期徒刑明显不当。

我们很难知晓具体的细节，但仅就新闻媒体披露的信息而言，本案的一审判决结论的确有待商榷。

据《南方周末》报道：杀人者于欢，22岁，其母苏某因资金周转不便向地产公司老板吴学某高利借贷，前后累计借款135万元，约定月息10%。此后陆续归还现金184万元，以及一套价值70万元的房屋抵债，还剩约17万元余款实在无法偿还。因此，苏某遭受到暴力催债。催债队伍多次骚扰苏某，对其进行辱骂、殴打。案发前一天，吴学某曾指使手下拉屎，然后将苏某按进马桶里，要求还钱。当日下午，苏某四次拨打"110"和市长热线，但并没有得到帮助。次日，苏某和儿子于欢被带到公司接待室，连同一名职工，11 名催债人员围堵并控制他们三人。其间，催债人员不停地辱骂苏某，语言不堪入耳，并脱下于欢的鞋子捂在其母嘴上，故意将烟灰弹到苏某的胸口。更有甚者，催债人员杜志某居然脱下裤子，用极端手段污辱苏某。对母亲的公然侮辱猥亵令于欢崩溃。当路过的工人看到这一幕，才让报警人于秀某报警。警察接警到达现场后，并未采取有效的保护措施，只是告诫说"要账可以，但是不能动手打人"，随即离开。看到警察要走，已经情绪崩溃的于欢站起来试图往外冲唤回警察，被催债人员拦住。混乱中，于欢从接待室的桌子上摸到一把水果刀乱捅，致使杜志某等四名催债人员被捅伤。其中，杜志某因失血性休克死亡，另外两人重伤，一人轻伤。①

一审法院认为，在本案中"不存在防卫的紧迫性"，所以于欢不属于正当防卫，故以故意伤害罪判处其无期徒刑。

然而，一审法院的说理和结论都不太恰当。

正当防卫是一种个体暴力，在法治社会，暴力由国家垄断，私力救济被严格限制，只有在紧急状态下才可行使有限的私力救济，所谓"紧急状态无法律"。同时，任何暴力都

---

① 王瑞锋：《山东 11 名涉黑人员当儿子面侮辱其母 1 人被刺死》，载《南方周末》2017 年 3 月 24 日；关于法院认定的事实参见山东省高级人民法院（2017）鲁刑终 151 号刑事判决书。

必须适度，否则就可能造成更大之"恶"。正当防卫至少要具备紧迫性和适度性两个基本要素。

何谓紧迫性？只有对法益存在现实侵害的可能性才具备紧迫性。如果不法侵害还没有开始或者不法侵害已经结束，都不能进行正当防卫。

那么，如何判断"法益存在现实侵害的紧迫性呢？"

有人认为，这应该采取理性人的科学判断标准；还有人则认为，这应采取一般人的标准。前者是一种专家标准，认为在判断紧迫性时，应当站在专家的立场，从事后的角度看一个理性的人是否会觉得存在紧迫性；后者则是常人标准，认为应该按照普罗大众的一般立场，从事前的角度看一般人是否觉得有紧迫性。

或许，聊城市中级人民法院正是站在专家的超然立场上按照理性人的科学标准作出的判断。然而，这个世界上很少有人是完全理性的，我们或多或少都会受到环境、情绪等诸多因素的影响，即便是专家也不可能保证百分之百的理性。法律不是冰冷的理性机器，它要倾听、感受并尊重民众的血泪疾苦。站在事后角度的科学判断只是一种"事后诸葛亮"式的冷漠与傲慢。

因此，应当按照一般人的立场来对紧迫性进行判断。换言之，我们要代入于欢的角色，设身处地综合考虑他所处的情境来判断他们母子的人身安全是否依然处于紧迫的危险之中。至少从媒体的报道来看，任何人处于类似情境，都会感到巨大的危险，谁知道警察走后，催债者的折磨手段会不会变得更加变态与血腥？因此，一审法院认为此案不存在防卫的紧迫性是错误的。

正当防卫的另外一个基本要素是适度性。刑法明确规定，正当防卫不能明显超过必要限度造成重大损失。何谓必要限度，学说上主要存在基本相适应说和必要说的争论。前者认为防卫行为与侵害行为要基本相适应，具体判断时，可根据双方的人数、是否使用凶器、凶器的杀伤力、双方的体力以及实施侵害的环境等情况，全面比较分析。而后者认为防卫的必要限度，不能从不法侵害本身去看，而应从制止不法侵害的实际需要去寻找。不管不法侵害的情况怎样，如果防卫行为是制止不法侵害的要求所必需的，就符合防卫的限度要求。

两种学说都有一定的缺陷，如果单纯考虑必要说，有可能导致非常荒谬的结论，如甲的豆腐被偷，追赶小偷达数里之远，小偷体力太好，甲实在无法追上，于是决定向小偷开枪取回豆腐，舍此别无他法。按照必要说，这种行为也属于正当防卫，而这明显违背人们的常识。如果单纯考虑"基本相适应说"，那可能对防卫人不公平，如某女受到一男子搂抱猥亵，女子用手指戳男方左眼，造成对方眼球伤裂。按照基本相适应说，就不成立正当防卫。

因此，我国刑法理论普遍认为正当防卫的适度性应当以必要说为基础，结合"基本相适应说"进行辅助判断。衡量行为是否超越必要限度，主要看这种行为是否是制止不法侵害所必须的，而"是否必须"又可综合考虑防卫行为与侵害行为在结果和行为上是否基本相适应。具体到于欢的案件，于欢目睹母亲遭受凌辱，用水果刀刺伤四人，并导致其中一人死亡，这种行为与侵害行为是明显不相适应的，毕竟人的生命权是高于其他权利的。

有人认为，于欢的行为属于刑法第 20 条第 3 款所规定的特殊防卫权——"对正在进行行凶、杀人、抢劫、强奸、绑架以及其他严重危及人身安全的暴力犯罪，采取防卫行为，造成不法侵害人伤亡的，不属于防卫过当，不负刑事责任"。

对此观点，笔者也不太赞同。至少从媒体报道的信息来看，于欢及其母亲所面临的危险可能还没有达到严重危及人身安全的程度。因此，本案以防卫过当论处是比较合适的。

我国刑法规定，防卫过当应当减轻或免除处罚。在刑法理论中，防卫过当属于责任减免事由。换言之，这种行为虽然违法，但却是法律可以宽恕的。

责任减免事由的一个重要依据是期待可能性理论。所谓期待可能性就是指根据具体情况，有可能期待行为人不实施违法行为而实施其他适法行为。如果缺乏期待可能性，就可以排除责任的成立。期待可能性的基本理念是建立在法律不强人所难的观念上的。德国帝国法院的"癖马案"可算是此理论的第一次运用。被告是一名被雇的马夫，因马有以尾绕缰的恶癖，非常危险，故要求雇主换掉该马，雇主不允，反以解雇相威胁。后被告驾驶马车在行驶过程中，马之恶癖发作，被告无法控制，致马狂奔，将一铁匠撞伤。检察官以过失伤害罪提起公诉，但原审法院宣告被告无罪，德国帝国法院也维持原判，驳回抗诉。其理由是：被告虽然违法，但因生计所逼，很难期待其放弃职业拒绝驾驭该马，因此被告不负过失伤害罪的刑事责任。

无独有偶，在英美法系，同样也有可得宽恕的辩护理由，对于一种形式上的不法行为，如果它是多数人都可能犯下的错误，即使行为违法，也是法律可以宽宥的，这最典型的例子就是受虐妇女症候群。对于长期遭受伴侣施暴的妇女，绝望之中认为除了暴力无法摆脱困境，铤而走险将伴侣杀害，类似案件可以从宽处理。

在于欢案中，面对母亲遭受奇耻大辱，有谁能够保持冷静？有谁能够被期待实施适法行为？于欢错了，但他所犯下的错误却是任何一个普通人，任何一个有着基本血性的男儿都可能犯下的错误，法律对此应当宽恕，没有必要穷追不舍。聊城市中级人民法院判处于欢无期徒刑，明显过重，当予纠正。[①]

司法要倾听民众朴素的声音，刑事责任的一个重要本质是在道义上值得谴责。因此，犯罪与否不是一个单纯的专业问题，司法永远不能超越社会良知的约束。

---

① 二审法院山东省高级人民法院最后撤销一审判决，认定于欢成立防卫过当，于欢以故意伤害罪被判处有期徒刑 5 年。参见山东省高级人民法院 (2017) 鲁刑终 151 号刑事判决书。

# 侠客心　法治路

几乎每一个热点案件都可以看到撕裂的民意。大年除夕夜，张扣扣为报母仇，连杀三人。有人为其叫好，甚至出现了这样的描述："报名参军是为忠，为母报仇是为孝，不杀无辜是为仁，投案自首是为义！"

作为法律人，我对这种论调本能地表示反感。

年少的时候我很喜欢看武侠小说，心中也怀揣侠客梦，"纵死侠骨香，不枉世上英"。直到现在，李太白的《侠客行》我依然能够背得滚瓜烂熟。

但随着年纪的渐长，我慢慢地告别了侠客之心。

法律的训练让我对曾经的侠客梦至少有两点反思：首先，个体的认识能力是有限的，有许多隐秘的事情我们并不知晓，因此个人对于正义的理解一定是片面的。凭借个体对正义的有限理解去"匡扶正义"很有可能出现灾难性的后果。其次，正常的社会并不是黑白分明、非此即彼的，有时善与善也会发生冲突。人的有限性很容易让我们在自己所看重的事情上附上不着边际的价值。就如每一次虐狗事件中的

185

人虐狗后会发生"狗虐人"——很多爱狗人士就把自己认为正确的价值无限放大。这就是唐朝魏征说的："憎者唯见其恶，爱者止见其善。爱憎之间，所宜详慎。"

因此，人类对正义的追求必须在规则之下，通过规则筛选出人们可以接受的相对正义。无论是孩童的游戏，还是成人的体育比赛，人类都是在不断学习去确立规则，遵守规则。但是往往游戏会变成胡闹，比赛会成为殴斗，原因或者是规则本身不公平，或者是有人不愿意遵守规则。

法治更是一种规则意识。亚里士多德认为法治应该包含两重意义：已成立的法律获得普遍的服从，而大家所服从的法律又应该本身是制定得良好的法律。法治的二要素（良法和法律至上原则）不过是对人类游戏规则的一种升华与总结。

中国古代也同样强调规则意识，"事断于法，是国之大道也"（慎子）。因此内法外儒，施政者即表面上推崇儒家思想，骨子里还是法家那一套。韩非说"侠以武犯禁"，历朝历代，对于侠客行径都非常警惕，身为布衣任侠行权，没有哪个政权受得了。

但有趣的是，无论是司马迁的《游侠列传》，还是石玉昆的《三侠五义》，或是施耐庵的《水浒传》，甚至金庸的武侠小说，中国人长期以来都没有真正剔除对侠客的盼望，这种盼望本身也许就是对既定的权力意志无声的抗议。

只有法治才能让人告别侠客之心，但法治不是法家，也不是法制。

法治与其他易混概念的区分主要有两点：一是法律的正义源头是封闭的还是开放的，二是法律的约束对象有无例外。

第一个问题也就是谁来确定良法之良。法治不是权力意志的闭路循环，它认为在人定法以外还有超法律的原理，即代表正义的自然法。这种自然法不是权力意志凭空想象的，它书写在历史、文化、传统和习俗之中。法律只能被发现，而不能被制定。法律永远有其超验的正义之源，因此世俗的法律正义是相对的。因为有着对超验正义的盼望，人们一方面可以通过正当程序不断修正世俗社会的法律规则，另一方面也可以容忍世俗社会法律之下的相对正义。

但是，如果法律的正义源头是封闭的，正义的标准一律取决于权力意志的乾纲独断，法律之所以正确不是因为它符合永恒的真理，而仅仅因为它是法律，那么无法得到超验正义慰藉的人心会不断地挑战既定的法律规则，人们也会对任何司法判决的公平性表示出习惯性的怀疑。"侠肝义胆"会成为民众挑战法律的托词，"王侯将相宁有种乎"的激进运动也无法避免。

第二个问题是法律能否约束一切权力。要老百姓知法守法不是法治，只有权力的拥有者降伏于法律之下才是法治。

英文中的 President（总统）和 Prison（监狱）有相似之处，不知是不是巧合。但是根据法治观念，权力必须带上法律的镣铐，囚禁于法律之下。只有当官员，当法律的制定者、法律的执行者受到比普通民众更多的约束，法治才有可能成为现实。任何权力都有腐败的倾向，衬衣中最脏的地方就是领口。法治从来都对权力意志保持距离。西谚有云："地狱之路搭建了人类构建天堂的砖瓦，永远不要期待在世俗社会出现绝对的正义。"

如果权力总可跳到法律之外，那么人们不是迷恋权力意志的风光无限，就是怀揣侠客之心慷慨激昂。

张扣扣案是一个悲剧，唯愿法治之路让这种悲剧不再重演。①

---

① 2019 年 4 月 11 日，陕西省高级人民法院在汉中市中级人民法院公开开庭审理上诉人张扣扣故意杀人、故意毁坏财物一案并当庭宣判，裁定驳回张扣扣的上诉，维持汉中市中级人民法院一审死刑判决，并依法报请最高人民法院核准。2019 年 7 月 6 日，最高人民法院裁定：核准陕西省高级人民法院（2019）陕刑终 60 号维持第一审对被告人张扣扣以故意杀人罪判处死刑，剥夺政治权利终身；以故意毁坏财物罪判处有期徒刑四年，决定执行死刑，剥夺政治权利终身的刑事裁定。2019 年 7 月 17 日上午张扣扣被执行死刑。

# 莫某纵火与死刑适用

莫某纵火一案，一审判决已下，不出悬念被判处死刑立即执行。①

联想到之前发生的多起案件，都让人感到人心的邪恶。

爱因斯坦说："终将能够毁灭人类文明的是我们内心的邪恶力量。"我心亦如荒野，杂草丛生，冷不丁就有许许多多邪恶的念头。若非道德和法律的约束，我不知道在环境合适的时候，这些念头是否会付诸实践。每当看到这些令人发指的案件，愤怒之余我也会反躬己身，身处类似情景，我会不会做得比他们更过分？加尔文说，"人心隐藏着整个世界的败坏。"我的个人经验告诉我，这句话极有可能是正确的。

因为世上有邪恶，所以法律必须通过惩罚来进行威慑，避免邪恶蔓延如洪水滔天。从这个意义上来讲，死刑具有合理性。"杀人偿命，欠债还钱"，这种民意的情绪表达本身也

---

① 浙江省高级人民法院二审裁定维持一审判决，后最高人民法院对此裁定予以批准。

有其内在的合理价值。

多年前，我曾反对死刑，但现在我的观点早已发生变化。那种忽视公义、滥施恩情的人道主义有着太多的伪善，他们经常会是为了假想的将来而忽视现在的利益，为了抽象的人类无视具体人的悲苦。对于那些极度邪恶的杀人重案，如果不处以极刑，如何能够抚慰仍存于世上之人的泪水？

这当然不是滥用死刑，因为死刑只能针对谋杀一类的重罪。对谋杀处以死刑本身就是对生命的尊重，也是对死刑的限制。

有人说，有两件事情人类无法克服，一是死亡，二是邪恶。人皆有一死，无论是秦皇汉武的长生不死梦，还是谷歌首席未来学家所称的人类将在 2029 年开始实现永生，① 这不过是人类过于狂妄的乐观自负，巴别塔的倒塌是注定的。

至于邪恶，那更是与人类社会如影随形。科技的发展从来没有遏制邪恶，反而使得邪恶拥有更大的破坏力量。如果对历史有着基本的了解，今天的人类也无法夸口我们现今的邪恶水平会远低于千百年前。

法治的根本前提就是对人类内心这种幽暗势力的预设。

---

① 《谷歌首席科学家：2029 年，人类将实现永生！》，载搜狐网，https：//www. sohu. com/a/203913659_ 156990，最后访问时间：2018 年 10 月 1 日。

拥有的权力越大，破坏的能力越强，因此权力要受到法律严格的约束。人类的历史一而再再而三地告诫我们，权力与德行绝非正相关关系。历史学家布鲁斯·雪莱告诉我们："时间是一种细察和检验人类成就的方式，人们设计的社会制度和政治制度，多少世纪以来，人们认为他们自己的秩序是所能想象出来的最好的秩序。他们为之奋战，因为他们深信这个世俗的特定组织一旦崩溃，他们的今生和来世的生命都没有意义了。但是时间之河，漂满了社会和政治的废弃物：城邦帝国、专制统治和君主……最初看似非常有价值的制度最终坍塌为废墟，因为时间自身使瑕疵显现……归根结底，因为在时间过程中，正是人类的本性将美善的事物转为弊端，所以正是人类本性中的瑕疵受到了审判。"①

在莫某一案中，我们为什么要挑剔地批评司法机关的程序瑕疵？只是害怕寄希望为正义化身的力量也有可能忘记正义的初心。刑杀之权如果不受到法律严格的约束，当事人如果无法通过正当程序获得公正的审理，那么个案的正义伸张亦会埋下一个极大的隐患。

启蒙思想家曾经乐观地预想，随着人类知识水平的提

---

① ［美］布鲁斯·雪莱：《基督教会史》，刘平译，上海人民出版社2016年版，第228页。

高、科学技术的发展、社会制度的革新，人类的前景一片美好。但是，20 世纪无数的浩劫让这种乐观情绪进入了冰河。在奔向灿烂蓝图的过程中，总有一股下坠的力量让方向出现了负斜率。

法律中的乐观主义曾经相信邪恶是可以改造的，罪大恶极之人只是暂时生病的病人，既然疾病可以治疗，那么犯罪的人同样也可以医治。但是，再犯率的不断升高，恶性案件的层出不穷，让改造主义成为一种幻梦。

法律无法消灭邪恶，也很难改造邪恶，它只能有限地约束邪恶，避免邪恶的泛滥。如果说在法律中依然要保留改造罪犯的美好设想，那也必须让罪犯受到应得的严厉惩罚。

如果莫某最终被核准执行死刑，愿她在走向死亡的最后关头可以真正地痛悔前非。但是，无论如何，死刑仍须执行。

# 法律人的理智和多数人的情感

　　法律人的理智也即法律人的规范评价，这种评价是法律人基于某种价值立场对事实问题的评价。在刑法中，几乎所有的事实概念都需要规范评价，甚至连明确的数字概念也离不开规范评价。比如，甲 1980 年 2 月 29 日出生，1994 年 3 月 1 日犯故意杀人罪，是否要负刑事责任，这就需要进行规范评价。因此，我们必须思考：在刑法中规范评价应如何定位？它有何作用，有何风险？

## 一、规范评价的定位

　　规范评价倡导的是一种目的导向的思维，即通过这种评价可以彰显何种价值。比如，醉酒的人在事实上辨认能力和控制能力有所减弱，但在规范上却认为行为人要承担完全的刑事责任，这种评价显然是为了减少醉酒这种不良现象。因此，规范评价基本上对应于功利主义的预防观。虽然在人类历史上，关于惩罚的根据一直存在争论，但多数观点认为惩罚应以报应为主，功利为辅。只有当人实施犯罪，才能施以刑罚。无论为了多么美妙的社会效果，都不能突破"无罪不罚"这个底线。另外,即便罪犯丧失犯罪能力,他也应该受到最低限度的惩罚。在报应的基础上,应当考虑功利的需要,感性需要理性的引导和补充。因此,规范评价的前提是民众的朴素道德情感,如果民意认为不可惩罚,即便惩罚能达到美好的目的,也不得施加任何刑罚。当然,在民意的基础上应该进行规范评价,以避免多数人的偏见、残忍。

## 二、规范评价的作用

首先,规范评价可以使法律条文摆脱僵化性,让法律以开放之态容纳时代主流的价值。比如,性侵犯罪中的"不同意"概念,大部分国家要求被害人在可以反抗的情况下应当进行合理反抗以表明她的不同意,但何谓"合理反抗",则取决于司法者的规范评价。最早的标准是"最大限度的反抗规定",该规则要求被害人必须竭尽全力进行身体反抗表明她的不同意,这种标准与当时社会的主流价值观——"生死事小,失节事大"是一致的。随着女性地位的崛起,女性生命的价值逐渐被认为高于其贞操价值,此标准逐渐为"身体反抗规则"所取代。该规则不再要求女性进行最大限度的反抗,但却必须对行为人的性要求进行身体上的反抗以表明不同意。如果行为人所使用的强制手段不明显,女方必须进行身体反抗,如果没有身体反抗,仅仅是哭泣、呼救、愤怒等,都不属于合理反抗。随着女性地位的进一步提高，越来越多的人认为传统的合理反抗规则有着很强的男权主义偏见，是用男性的标准要求女性，对女性不公平。于是，"'不等于不'规则"与"肯定性同意规则"应运而生，前者认为女性语言上的拒绝应看作是对性行为的不同意，法律应当尊重女性说"不"的权利，法律应该抛弃女性"只说'不'就是半推半就"的偏见；后者则更为激进，甚至认为女性的沉默应当视为一种拒绝的意思表示。显然，对于这四种标准，司法者必须结合中国的社会实际，把握男女平等的时代背景进行取舍。

其次，规范评价可以摒弃多数人的偏见，将民众的情感引向至善。法律追求公平和正义，法律要做黑暗世界的明灯，让人心向善。比如，虚构他人遭受强暴并感染艾滋病是否构成诽谤罪？在事实上，这种诽谤必然会导致社会评价降低，但从规范角度来看，如果法律照搬事实的名誉概念，那法律就是强化社会对强奸受害人以及艾滋病患者的歧视。再如，在难以察觉的情况下冒充女方的男朋友与其发生性行为是否构成强奸？换言之，这种欺骗是否是实质性欺骗①，女方是否必然会处分性权利。在当前的社会，非婚性行为虽然

---

① 只有一种欺骗在概率法则上会导致他人高概率处分法益才是实质性欺骗，当然这里的高概率和低概率必须根据社会主流价值观进行判断。

并不罕见，但如果法律认为这属于实质性欺骗，从而构成强奸，那显然是确认了非婚性行为的合理性。即便多数人认为非婚性行为司空见惯，法律也不能与这种偏见同流合污，法律永远要坚守一些基本的价值。总之，规范评价的目的不是使法律成为恶法，而是使法律尽可能成为善法。每个人的心中都有兽性，规范评价的作用就是驯兽师，它不是去释放人心中的野蛮，而是让人心中依然充满光明，让人心中依然存在那"一厘米主权"。

### 三、规范评价的风险及防范

规范评价的风险之一是可能会突破法的确定性。如果不加限制地进行规范评价，法律很可能失去确定性。因此，必须坚持罪刑法定原则，在语词允许的范围内进行规范评价，不能超越语言的极限。比如，在解释论上应在形式解释的基础上考虑实质解释，只有在语言的限度范围内，才可以进行规范评价，如刑法规定"冒充军警人员抢劫"属于抢劫罪的加重情节，但真警察抢劫就不能被解释为此种加重情形。

规范评价的风险之二是可能导致惩罚过度。因此，要注意规范评价并非入罪前提，而是出罪依据。决定惩罚的第一依据是民众朴素的报应情感，规范评价只是对这种情感进行引导微调甚至限制。首先，规范评价是在民意惩罚的前提下实现惩罚的精确性，当民众认为有惩罚的必要，才可通过规范评价来实现精确的惩罚。规范评价其实是民意惩罚的一种辅佐，以倡导法的积极价值。比如，盗窃与侵占的区别，人们的朴素情感能够做出大致的判断，不能随便"捡"的东西就是"偷"，但两者之间精准的法律界限还是需要规范评价。比如，张三将某人掉在宾馆房间的钱包"捡"走，这就应该评价为盗窃，而非侵占。如果将此行为理解为拾捡，那每天都会有无数人去宾馆"探宝"。其次，规范评价是对民意惩罚的缩小，而非扩大。当多数人认为"治乱世用重典"，贪污受贿必须保留死刑，甚至恢复凌迟处死，法律人要用冷静的思维告诉民众，死刑从来不能遏制犯罪，反而会把人逼向绝路，导致犯罪升级，在某种意义上，它制造了犯罪，而不是减少了犯罪。总之，规范评价或说法律人的思维是"人皆曰可杀，我意独怜之"，而不是"人皆曰可不杀，我意独杀之"，否则这种规范评价迟早会引向暴政与专制。

# 性侵犯罪与不同意

在我国刑法中，至少有两个与性侵犯有关的犯罪，一是强奸罪，二是强制猥亵罪。前罪的对象是女性，其基本刑是3年以上10年以下有期徒刑，如果有加重情节的，如强奸造成其他严重后果的（如导致女性自杀）可以判处10年以上有期徒刑、无期徒刑甚至死刑。因此，其追诉时效最高可达20年。如果过了20年还有必要追诉，可以报请最高人民检察院核准。后罪的对象既包括女性，又包括男性，其最高刑可达15年有期徒刑。

司法部门一般认为性侵犯罪是在违背被害人意志的情况下与之发生性关系。但是"违背意志"这个说法更多带有心理学的成分，不符合法学用语的规范性，所以学术界更多地都使用"不同意"这个概念进行替换。比如，性工作者由于经济压力而出卖身体，这可能是"违背意志的"，但在法律上却非"不同意"。至于部分女权主义者认为人类中一切性行为都是强奸——都是女性在各种压力下的被迫之举，这种看法显然就太过极端激进。

那么，在法律中什么叫作"不同意"呢？很多时候，同意与不同意的界限可能非常模糊。比如，1992 年美国的威尔森案曾震惊全美。威尔森（Ms. Wilson）是位 25 岁的女艺术家，一天凌晨被告瓦尔德（Valdez）持刀闯入房间，欲行不轨，威尔森逃到浴室，紧锁房门，并拨打报警电话，但被告破门而入，并将电话线割断，命令威尔森褪去衣物。威尔森害怕反抗会招致伤害，同时也害怕传染艾滋病，于是同意与瓦尔德发生关系，但前提是请其戴上避孕套。被告照办后与威尔森发生性关系。瓦尔德后被诉强奸，在审判过程中，法官先提请陪审团就事实问题进行裁决，孰料陪审团却认为瓦尔德不构成强奸，其理由是威尔森让被告戴上安全套，这其实是对性行为的同意。

在不同的时代、不同的历史背景下，"不同意"的判断标准也不一样。司法者必须充分考虑社会主流的价值观念，对"不同意"作出符合时代精神的理解。在世界范围内，关于不同意标准大概有四种立场。

最大限度的反抗规则是一种最古老的判断标准，该规则要求被害人必须竭尽全力进行身体反抗表明她的不同意。如《大清律》规定，必须要有"强暴之状，妇人不能挣脱之情"，被害妇女必须要有"损伤肤体，毁裂衣服之属"才能表明不同意的存在，否则行为就不是强奸。这种标准与当时社会的主流价值观是一致的。在很长一段时间，女性的贞操被认为高于其生命价值，女性并没有独立的人格，对女性贞操的侵犯在很大程度上是对夫权或者父权的侵犯，因此女性必须进行最大限度的反抗来维护贞操。

随着女性地位的崛起，女性生命的价值逐渐被认为高于其贞操价值，最大限度的反抗标准逐渐为合理的反抗规则所代替。该标准要求女性对于行为人的性要求进行合理的反抗，以表明不同意。如果没有合理反抗，在法律上就要推定为对性行为的同意。显然，合理与否取决于司法者的规范判断。在很长一段时间，合理反抗规则仍然对女性要求过高。大量的司法判例认为：如果行为人所使用的强制手段并不明显，女方必须进行身体反抗；如果没有身体反抗，仅仅是哭泣、呼救、愤怒等，都不属于合理反抗，而应该视为对性行为的同意。

随着女性地位的进一步提高，越来越多的人认为传统的合理反抗规则有着很强的男权主义偏见，是用男性的标准要求女性，对女性不公平。于是，"'不等于不'规则"与"肯定性同意规则"应运而生。

"'不等于不'规则"认为，女性语言上的拒绝应看作对性行为的不同意，法律应当尊重女性说"不"的权利。法律应该抛弃"不等于是"这种花花公子式的哲学。为了真正保护女性的性自治权，必须赋予女性说"不"的权利，法律应当尊重女性语言上的拒绝权。

除此以外，还有"肯定性同意规则"。这种标准认为，在没有自由的、肯定性的表达同意的情况下，性行为就是非法的，沉默应当被视为一种拒绝的意思表示。如美国加利福尼亚州 1990 年在修改刑法时（第 261 条第 2 款），就认为同意是指"依照自由意愿而自愿给予的肯定性的合作"。

在某种意义上，上述四种规则其实都是关于被害人应以何种方式表明自己的同意或者不同意才是合理的判断标准。对此，司法者必须结合中国的社会实际，把握男女平等的时代背景进行取舍。显然，最大限度的反抗规则完全站在男性立场，无视女性的主体性地位，应当被彻底抛弃。至于其他三种标准，则各有利弊，笔者倾向于用"合理反抗规则"吸收"'不等于不'规则"与"肯定性同意规则"的合理部分，作为司法者进行规范评价的客观依据，我把它称之为"新的合理反抗规则"。

首先，女性语言上的明确拒绝或者哭泣应当获得法律的尊重，法律必须抛弃"不等于是"的偏见。这种偏见是对男女平等原则的公然践踏，语言上的拒绝和哭泣这种消极反抗应该被视为反抗的一种形式，对于那些无视女性消极反抗的男性进行惩罚具有道德上的正当性。但是，"'不等于不'规则"存在一个明显的缺陷，那就是人类的态度有可能变化，女性说"不"之后，还可能改变意图。因此，如果消极反抗和性行为的发生之间有一段时间差，男性试图改变女性态度的做法也合乎情理。面对不断纠缠的男性，合理的做法是女性应再次拒绝，并在可能的情况下选择离开。

其次，"肯定性同意规则"可以被有限制地采用，不宜普遍化。在当前的社会背景下，完全采纳"肯定性同意规则"很难获得社会公众的支持。毋庸置疑，肯定性同意标准的提出反映了社会性观念的变化，它倡导一种更加开放的性观念：女性在想要性的时候，应该大胆地说出来，而不要"犹抱琵琶半遮面"。然而，这种性观念或多或少带有超前性。在当下中国，即使是夫妻间，女性也很少和丈夫谈论自己的性愿望，公开谈论性事还是一种道德禁忌。多数人仍然认可对于性行为"许做不许说"的原则。如果不加区别采纳肯定性同意标准，至少在很长一段时间会使得法律与社会风俗严重抵触。笔者认为，"肯定性同意规则"只应在女方因服食毒品或麻醉物品而完全失去辨认能力或控制能力的"迷奸"案中采用，如果女方处于清醒状态下，采用"肯定性同意规则"就不太合适。

根据"新的合理反抗规则"，威尔森案肯定是构成犯罪的。

总之，性与人的尊严息息相关，男性应当对女性有起码的尊重，他应当把女方看成一个有理性的主体，而非纯粹的泄欲对象。在进行性行为之前，男性有义务了解女性的意愿，不是要试图读懂女人的心，而要尊重她们说"不"的权利。在本质上有此能力合理行事之人如果没有这么做，就违反了规范的要求，体现了对主流价值漠然的人格，当然要受到法律的责罚。

在我国刑法中，性侵犯罪还有一种特殊的情况是与幼女发生性关系。不满 14 周岁的幼女没有性同意能力，只要明知对方未达 14 周岁与之发生性关系就一律构成犯罪。

但是，以 14 岁作为同意年龄明显太低，在世界范围内这个年龄都是偏低的。现有的法律无法有效地对少女的性权利提供保护，尤其无法防止那些对少女有信任影响力的老师、监护人的性剥削。

人的性生理发育与性心理发育是不一致的。人类的性成熟更多表现在性心理的成熟上。研究表明，到 18 岁以后，性心理才逐渐发育成熟。考虑到性成熟并不单纯依赖于生理上的成熟，那些生理刚刚发育成熟的女性往往更容易成为男性的性欲对象，因此有必要提高性同意年龄，把保护对象从幼女扩大到少女。当然，提高同意年龄，势必要将幼女和少女区别对待，否则对男性是不公平的，也可能借保护之名剥夺女性的权利。

英国 2003 年的《性犯罪法》规定了 13 岁、16 岁和 18 岁三个同意年龄：与不满 13 岁的未成年人发生性行为是最严重的性侵犯罪，最高可判终身监禁；与 13 岁以上不满 16 岁的未成年人发生性行为，最高刑为两年监禁；对于存在特殊信任关系的群体，如教师与学生、监护人与被监护人、医生和患者之间，未成年人的同意年龄是 18 岁。教师只要与不足 18 岁的学生发生关系，就一律以犯罪论处，最高刑可达 5 年监禁。美国《模范刑法典》甚至把这种滥用信任地位的性侵犯罪的同意年龄提高到 21 岁（唯一的辩护理由是男方决定与女方结婚），只是绝大多数州没有采纳如此之高的年龄。

这种立法值得借鉴，当双方存在信任关系，一方很可能利用自己的优势地位对处于弱势地位的对方施加不正当的影响，利用对方在身体上和心理上的不利地位，这种"同意"下的性明显是不正当的。在适当的时候，刑法应当将同意年龄提高至 18 周岁，与《未成年人保护法》相一致，对教师等可能滥用未成年人信任关系的群体科以更严格的义务。刑法应当规定：如果行为人与不满 18 周岁的未成年人具有信任关系，与之发生性关系就构成犯罪。此处的具有信任关系之人应当理解基于法律或契约而对未成年负有保护义务的人，如与未成年人有监护关系、教育关系、雇佣关系等。对于校园中时常发生的性欺凌与剥削，这不再是一个单纯的道德问题，事关师德之根本，动用刑法很有必要。

法律虽然不是治理社会问题的"万灵丹"，但面对摇摇欲坠的道德现实，法律必须有所作为。

然而，我们必须清楚地意识到，校园性侵案件频发，看似偶然，其实必然。在一个缺乏敬畏的时代，人的堕落是没有底线的。曝光的性侵案件只是冰山的一角。教师的败坏正是社会堕落的风向标之一。当人们假借宽容、进步之名消解良善的价值，道德相对主义横行于世，社会也就失去绝对的对错，"存在的就是合理的"，于是一切邪恶都有可能。我们一方面抱怨指责，另一方面又与罪恶同流合污。每个人都在为自己的罪恶寻找借口，人们有太多的理由、太多的迫不得已开脱自己的罪责。不知这些性侵案的老师会不会为自己的行为辩解，如果辩解，他真的有太多的理由。（如"我们两情相悦，真心相爱"或"女方对我有点小崇拜，我也没有办法"）

价值的崩溃，让人失去了对错的坐标。当前，人们有关性的道德观念几近崩盘。几十年的时间，中国已经从性压抑走向性的全面放纵，越来越多的人认为，只要双方同意，性就是正当的。成年人混乱的性观点让未成年人也无法树立正确的性道德。今天，如果谁告诉孩子们性在婚姻之内才是正当的，婚前性行为、婚外性行为都是不道德的。这种教导很容易被视为古董老套。事实上，我们根本不知道如何对孩子们进行合理的性教育：性是同意就行吗？有爱就能有性吗？只要采取保护措施，双方同意的性就是合理的吗？成年人对此问题很难回答，又如何去教导孩子？正是性观念的混乱，性道德的沦丧，我们无法对孩子们进行有效的性教育，于是干脆避而不谈。未成年人只能从别处获得对性的知识：网络、色情光盘以及朋友们的口耳相传。学校从来不是象牙塔，教书育人的先生们在性放纵的文化中耳濡目染，又有何种力量来抵抗内心的邪恶？

因此，我们必须寻找人类所应持守的共同价值，超越种族、阶层、国别与时空的共同价值，一如切斯特顿所说："一个开放的社会和一张开着的嘴巴一样，它在合上的时候要咬住某种扎扎实实的东西。"

（附：切斯特顿曾写下过这样一段话，值得深思："性滥交不是高估而是降低了性的价值，抱怨只能结婚一次就像抱怨只能出生一次，与当中涉及的无比兴奋绝不能相提并论。这个抱怨显示的不是对性的极端敏感，而是异乎寻常的不敏感……性放纵是对性快乐的糟蹋，是对性的缺乏认识，就像一个人心不在焉地采下五颗梨子一样。"）

# 莫让虐待儿童的单位犯罪条款虚置

备受社会关注的多起虐童案已经检察机关提起公诉，相关司法机关表示，"对侵害未成年人犯罪坚持零容忍，依法从严从快审查逮捕、审查起诉，保持严打高压态势"。

最高检公布的数据显示，2017 年以来，全国检察机关依法批准逮捕发生在幼儿园的侵害儿童犯罪 181 人，起诉 231 人；批准逮捕发生在中小学校园的侵犯未成年人犯罪案件 3081 人、起诉 3923 人；对学校、社会培训机构等工作人员实施侵害未成年人犯罪的，依法提出禁止其从事密切接触未成年人职业的量刑建议 102 人。①

检察机关的举措值得赞赏，没有哪个国家应该容忍对儿童的虐待行为，更何况施暴者还是专事儿童教育的幼儿老师。但是，一个值得关注的问题是，涉案的幼教机构却很少被追究刑事责任。

---

① 《中国最高检：对侵害未成年人犯罪坚持零容忍》，载中新网，http：//www. chinanews. com/gn/2018/05 - 29/8525543. shtml，最后访问时间：2018 年 10 月 1 日。

2015 年《刑法修正案（九）》增设了虐待被监护人、看护人罪，"对未成年人、老年人、患病的人、残疾人等负有监护、看护职责的人虐待被监护、看护的人，情节恶劣的，处三年以下有期徒刑或者拘役……"。

该条文的立法本意是为了弥补刑法第 260 条虐待罪的不足，"虐待家庭成员，情节恶劣的，处二年以下有期徒刑、拘役或者管制……"。虐待罪的对象仅限于家庭成员，很难将幼儿园老师和儿童的关系解释为家庭成员关系。长期以来，幼师的虐童行为都无法得到有效打击。所以《刑法修正案（九）》增设了虐待被监护人、看护人罪这个新罪。

《刑法修正案（九）》对此罪特别规定了单位犯罪条款："单位犯前款罪的，对单位判处罚金，并对其直接负责的主管人员和其他直接责任人员，依照前款的规定处罚。"

然而，根据刑法规定，单位犯罪体现的是一种单位意志，它是经由单位决策机构决定，由直接责任人员实施的犯罪。在绝大多数虐童案件中，似乎很难证明虐童行为出于单位意志。涉案单位可以很容易地将相关行为说成是个别员工的行为，从而撇清单位的责任。

但是，如若这样，那么刑法有关虐待被监护人、看护人罪的单位犯罪条款就成为摆设，刑法的尊严亦会大打折扣。

要解决这个问题，就不得不提及刑法中的不作为犯理论。刑法中的危害行为不限于作为，还包括不作为。作为是不当为而为之，而不作为则是当为而不为。作为是一种积极的身体举动，如投放毒药、利用枪械致人死亡。而不作为是消极的不为，有时甚至没有任何身体上的动作。比如，母亲不给孩子喂奶，看着孩子活活饿死。对于虐待被监护人、看护人罪中的单位犯罪，可以用不作为犯的理论来加以解决。

当然，不作为犯的最大问题在于它的模糊性。根据罪刑法定原则，任何行为要被视为犯罪，一定需要刑法的明确规定，否则就可能造成司法权的滥用。不作为犯恰恰就存在这个问题，因为在很多时候它往往没有刑法的明确界定。

为了实现不作为犯在法律上的明确性，避免依据模糊的道德规范对他人施加惩罚，一种可行的办法是在法律中明确规定一些不作为犯罪，如逃税罪、遗弃罪、战时拒绝服役罪等，法律要求公民必须履行一定的义务，如果消极懈怠，不缴纳税款、不抚养亲人或者拒绝服役，那就要承担相应的法律后果。既然法律已经明定，司法者就按照法律的指示行事即可。

但是，法律不可能面面俱到，将所有的不作为犯罪都一一加以规定，因为作为犯罪是一种常态，而不作为犯罪是一种例外，更多的时候，只能通过刑法理论来将粗线条的法律明确化，这就是等价值理论。母亲拒绝给婴儿喂奶致其死亡（不作为）与母亲亲自动手将孩子杀死（作为），如果这两者在"恶"的价值方面是相等的，那么既然后者构成犯罪，前者也应同样视为犯罪。

显然，如果学校领导知道有员工曾虐待儿童，但却对该员工不作出任何处理，听任其在工作岗位上继续对儿童施暴，这种不作为的行为与学校领导积极指示员工虐待儿童的作为行为，在社会危害性上并无本质的不同。

因此，如果学校负责人知道幼师的虐童行为，但却害怕学校声誉受损，没有及时处理老师的不当行为，反而大事化小，小事化了，导致虐童行为愈演愈烈，那么这种行为就不再只是一个个人行为，而可以视为追求单位利益、属于体现单位意志的单位不作为犯罪，应当追究相应的刑事责任。

对于单位犯罪，可以既对单位判处罚金，又对直接负责的主管人员和其他直接责任人员追究刑责。值得注意的是，对于虐待被监护人、看护人罪的单位犯罪，刑法规定的是无限额罚金制，也即罚金没有上限。

前埃塞俄比亚皇帝海尔·塞拉西说："纵观人类历史，有能力行动者却袖手旁观，知情者却无动于衷，正义之声在最迫切需要时保持沉默，于是邪恶方能伺机横行。"

相比于积极的施暴者，那些本有责任有能力去制止罪恶之人的姑息放任在邪恶上并无本质的不同。

愿虐待被监护人、看护人罪的单位犯罪条款不再虚置。

# 生命的尊严

# 无论多么伟大 终有一天谢幕

2018 年 3 月 14 日，霍金去世，享年 76 岁。霍金是英国剑桥大学著名物理学家，现代最伟大的物理学家之一，著有《时间简史》等书。

霍金去世的日子，正好是著名科学家爱因斯坦的诞辰日（1879 年出生）。而霍金的出生日（1942 年 1 月 8 日），则是另一位科学家伽利略逝世（1642 年 1 月 8 日）300 周年的日子。

有人说，人类三种事情无法避免，一是苦难，二是死亡，三是邪恶。

伟大人物同样如此，他们也要经历苦难，要与自己和他人的邪恶斗争，终有一天也要以死亡谢幕。

霍金 22 岁从剑桥毕业时就被诊断患有"肌肉萎缩性脊髓侧索硬化症"，不久半身不遂，终其一生都在与疾病作斗争。

霍金警告人类，人性本身的邪恶会借助人工智能毁灭人类。他认为人类面临的最大威胁是我们自身的弱点，即贪婪和愚蠢。不幸的是，无论时代如何进步，人性的这种弱点从未减少。无独有偶，爱因斯坦也说，不受良知约束的科技终将毁灭人类。爱因斯坦甚至预言，人类将在 2060 年最终毁灭。

霍金一直知道自己随时有可能死亡，他说："每一天都有可能是我的最后一天。"

最终，一个如此伟大的人物也走向了世人必将走向的终点。

人类对上述三种事情的无可避免宣告了人类的有限性。帕斯卡尔说："我们一切不幸的理由就在于我们人类脆弱得要命的那种状况的天然不幸；它又是如此之可悲，以至于当我们仔细地想到它时，竟没有任何东西可以安慰我们。"①

每个人都是向死而生的一生，在这个生命旅途中，我们不时会经历苦难，我们也要时常对抗自己内心的邪恶，终有一天，我们会走向此生的终点。

无论多么伟大的人物，都需要道德规范与法律规则的约束，如果人拥有不受约束的权力，那么他心中的幽暗一定会给人类带来巨大的灾难。在某种意义上，这些合理的约束是对包括伟人在内的一切人类的保护。绝对权力往往导致绝对

---

① ［法］帕斯卡尔：《思想录》，何兆武译，商务印书馆 2015 年版，第 73 页。

腐败，在人类的经验上还从未出现过相反的例证。

但是，人类常常会忘记自己的有限性，没有人愿意时常想起死亡、苦难和邪恶这些沉重的话题。因此，人会用各种事务来转移对这些话题的思考，人一直在躲避自己的有限性。

帕斯卡尔说："正因如此，人们才那么喜爱热闹和纷扰……孤独的乐趣是一桩不可理解的事情。"

人在安宁时，总是会不时地想到自己的有限性（死亡、苦难与邪恶），因此我们需要用忙碌来转移对有限性的思考。

人无法忍受安宁，因为在安宁时，"我们不是想着现有的悲惨，就是想着可能在威胁我们的悲惨"。人在安宁时，总是会觉得无聊，即使没有任何让人觉得无聊的原因，他也会因为要转移对有限性的思考而觉得无聊。

因此，那些身居高位之人更是无法忍受无聊，他们从清晨起来，就有无数的人从四面八方涌来，"为的是不让他们在一天之内可以有一刻钟想到他们自己"。因此，很少有人愿意放弃权力，放弃让自己陷入安宁的忙碌。很多领导，一旦退位之后，就会陷入无法忍受的无聊，因为他们终于不得不想到自己的有限，从而愁苦不堪。①

---

① ［法］帕斯卡尔：《思想录》，何兆武译，商务印书馆 2015 年版，第 78～81 页。

但是，无论多么伟大的人物，终有一天还是要谢幕的。

霍金解答了人类一直探索的问题：时间有没有开端？

霍金认为时间是有开始的。

既然时间有开始，那一定也就有结束的那天。

# 人类的观念会崩溃吗？

## ——在虚无中寻找意义

有一个耳熟能详的童话故事叫作《三只小猪》，三只小猪为抵抗大灰狼分别盖了一栋房子。大哥盖了草屋，二哥盖了木屋，但三弟不嫌麻烦盖了结实的石头房子。后来只有石头房子没有被大灰狼弄垮，保护了这三只小猪的安全。

小猪所搭建的房屋可以象征人类的观念。人们是依据观念而生存的，每一个人都有一些既定的先存观念，也即对人生的基本看法。虽然很多人没有意识到自己有这种观念，但是每一个人一定是按照特定的观念来安排自己的人生。

人类一直都是观念的产物。一种崇高的观念可以将人类高举，一种卑下的观念则会降低人的尊严。

一直以来，哲学家们认为，观念有高下之分。越接近永恒的观念，越是崇高。有人把这种最崇高观念称之为"绝对真理""本体"或者"共相"，当然，还有更多人把其称之为"道"。

这种崇高的观念可以赋予人尊严，指导人们的生活，让人生活得有意义、有目的、有安全感，它能让人超越暂时的琐碎和有限，在一种更高级的意义上审视自己的日常生活，他更能像石头房子一般帮助人们抵御人生的艰难苦楚。

无论是帝国的兴衰、政权的腐败，还是瘟疫的流行、蛮族的入侵，人的肉体都很容易因之而毁灭，但这种伟大的观念却是万世长存。

站在伟大的观念之上，人越来越感到作为人的高贵与价值。伟大的观念创造伟大的人类。

有一天，一场运动开始了。伟大的人类开始觉得有必要用人自己的理性去审视观念，所有无法通过人类理性检视的观念都应该被抛弃。

他们认为，理性之光可以驱散黑暗，把人们引向光明。

我们知道，那场运动叫作启蒙运动。

那个时代最优秀的大脑，康德给出了这场运动的定义：

"启蒙运动，是人类从自己加给自己的监护状态下解放出来。监护状态，就是没有他人的引导，人就没有能力应用他的理智——要敢于认识！要有勇气使用你自己的理性——这就是启蒙运动的口号。"①

---

① ［英］卡尔·波普尔：《通过知识获得解放》，范景中等译，中国美术学院出版社 1996 年版，第 178～179 页。

一直以来，人们普遍认为伟大的观念所揭示的真理本身外在于人类，观念是人类**所发现**，而不是人类**所发明**的。正如"圆"这个概念本身就存在，而非人脑发明，人不过是发现了圆的规律。

启蒙运动一开始也并不反对存在绝对和客观的真理。正如启蒙运动（The Enlightenment）这个名字所揭示的。光明（light）是一种外在的能量，人自己不能发光，无法倚靠自己光照自身，人只有靠外在真理之光的启示，才能驱逐人心中的黑暗，走出蒙昧的状态。

但是，随着启蒙运动的深化，人们对此产生了质疑。

**人们开始认为，真理可能是相对的和主观的，人类的观念也许根本没有崇高和卑下之分。**

有一个叫作费尔巴哈的德国人告诉人们：一切的观念都是人所创造的，因为人的有限和不足，所以人创造了无限和自由的概念，这些观念只是人类欲望和恐惧的产物，在本质上是人类的自我欺骗。正如石头屋子是小猪造的，它在自己所造的房屋中感到安全（当然，费尔巴哈忘记了一点，小猪用石头创造了房屋，但石头本身不是小猪造的）。

费尔巴哈很清楚自己的思想会带来的后果。如果一切崇高的观念都是人类的自我欺骗，那么人也就彻底失去了存在的价值，没有目的，没有意义，一切都是虚空。

所以，费尔巴哈认为，人类要靠自己变得崇高。我们不再相信美好生活，而是决定实现美好生活，不是通过每个人自己，而是用我们联合的力量，我们将创造美好的生活。我们必须积极地改造这个世界，唯一的办法就是全面改造人性。①

费尔巴哈的一位德国同胞更是颠覆了传统的思维，开始重估一切价值。这位"狂人"叫尼采。尼采认为，观念是强者所定义的。在人类层面上，最强大的力量是将自己关于实体的解释强加给他人的能力。当我们引导他人用特定的方式看待生命的时候，我们就已经在征服了。我们赖以解释世界的各种范畴——真理、目的、实在或知识——既非客观的，也非中立的，而是我们有意无意地向他人施加强力的工具。

没有真理、没有崇高、没有意义。"真实的"世界就是谎言。"所存在的一切事物，无论其起源如何，都由那些拥有强力的人根据新的目的定期予以重新解释。"

尼采唯一接受的真理是否定性的：真理即脱离幻象。

尼采在精神崩溃之前的未完之作《重估一切价值》是其作品的顶点，他认为存在两种伦理类型：主人道德和奴隶（畜类）道德。传统的奴隶道德最终将让位于当时处于失势

---

① Steve Wilkens &Alan Padgett, *Christianity and Western Thought*, *A history of Philosophers*, *Ideas& Movements*, (*Volume* 2), Inter Varsity Press (2000), p. 125.

地位的主人道德。

主人道德强调高贵和强力，而奴隶道德却认同利他、仁慈和谦卑。奴隶道德是一种弱者的理想，它其实只是一种伪装的嫉妒。从此，尼采彻底颠覆了传统的善恶观。恃强凌弱变成了美德，尼采认为残酷的折磨能够带来愉悦。在统治他人时，债权人因为由此实现了强力意志而感到愉悦。"看见痛苦就带来愉悦，但是导致对方痛苦会带来更大的愉悦。"①

不要觉得尼采的话语只是疯人的胡言乱语，虽然尼采后来真的疯了。他的母亲和妹妹按照他所谓的奴隶道德对他悉心照顾，没有弃他而去。尼采最终在疯癫中离开人世，但是他的思想还是为纳粹扭曲而加以利用，希特勒对尼采崇拜得五体投地，把他所理解的"尼采思想"付诸行动。

尼采可谓一个预言家，他说20世纪会爆发恐怖战争，科学和技术不是人类的盼望，许多人在即将来临的时代因为失去神圣的港湾而心灵漂泊，这——成为现实。

20世纪的浩劫彻底摧毁了启蒙运动以来的乐观主义，人类开始在虚无中不断的漂泊。

加缪用《西西弗的神话》概括了人类荒谬的现状：西西

---

① ［德］尼采：《论道德的谱系》，周红译，生活·读书·新知三联书店1992年版，第45～46页。

弗得罪了诸神，诸神罚他将巨石推到山顶。然而，每当他拼尽全力将巨石推近山顶时，巨石又重新滚到山底。西西弗只好从山底将巨石重新向山顶推去，日复一日，永无止息。

加缪无比悲伤地告诉我们：任何事情都无任何意义，如果我们不能肯定任何价值观念，那么任何事情都可能发生——既无对，也无错：谋杀既不对，也不错。我们可以去拨旺焚尸炉里的火，也可以去照顾麻风病人。美德与邪恶，纯属偶然或幻想。①

《美丽新世界》的作者赫胥黎提议用毒品来对抗这种荒谬，以获得存在的意义。在他看来，既然真理只存在人的头脑之中，那么最好的生活就是在幻觉中度过余生。不幸的是，这已然成为许多现代人的标准选择。

当三只小猪撤离了石头房子，等待它们的，会是什么命运呢？

人类的命运又会如何呢？

---

① ［法］加缪：《反抗者》，吕永真译，上海译文出版社 2010 年版，第 5 页。

# 今天，你刷存在感了吗？

经常听人说要刷一个"存在感"。但是什么叫"存在"呢？

生活在我们这个时代的人，或多或少受到了一些伟大哲学观念的影响，有时我们认为自己独立思考得来的想法不过是前人的观念，后人往往只是在啃食这些伟大观念的残羹冷炙。

所谓的存在感显然受到了存在主义哲学的影响。无论你是否听说过存在主义，其实你都已经在受这种观念的影响。

但是，很少有人愿意去考察什么才是真正意义上的存在主义。

存在主义的奠基人叫作克尔凯郭尔。他认为，知识和教育很少与人类生存有关。相反，为了理解人类生命，我们需要在人生及其决定和关系中的关键环节之内认识个体。

在克尔凯郭尔看来，人有三个阶段的存在。当然，你也可以把这些阶段看成一种生存方式。①

---

① Steve Wilkens &Alan Padgett, *Christianity and Western Thought*, *A history of Philosophers*, *Ideas& Movements*, （*Volume* 2）, Inter Varsity Press（2000）, pp. 161~162.

第一个阶段叫作审美阶段，在这种阶段，人沉迷于短暂和当下的事物。感官的需要，欲望和冲动成为人唯一的向导。当然，这种感官上的享受不一定是粗俗的，它也可能表现为对艺术、学术、文学、哲学和宗教的热爱。

但是它们的共同点在于，审美的个体并不在真正意义上做出选择。或者更准确地说，即便你做出了抉择，这种选择也不属于生存选择。因为你所考虑的唯一问题是，这种选择能否实现你特定的感觉欲望。这种选择完全是当下的，在这种意义上，你其实没有进行真正的选择，你只是在选择中迷失了自己。

比如，有人会问：我应该换一个工作吗？我应该出国深造吗？我应该买房吗？

当你做出这种"选择"的时候，你的选择并不属于克尔凯郭尔所谓的**生存选择**。所以无论你做还是不做，你最终都会表示后悔。

在审美阶段，人的存在只追求相对的目的，并不关注人们对于绝对的需要。在克尔凯郭尔看来，因为当下的力量不能承担我们渴望永恒的重负，所以厌倦是不可避免的。这种厌倦类似于昆德拉的经典书名——《不能承受的生命之轻》。

审美阶段的厌倦，导致人深深的绝望，让我们不断更换各种时常翻新的当下"选择"。喜新厌旧是一种人生常态。

我们要么在寻求拯救中找到各种尝新的当下，要么放弃当下，在其他地方寻找拯救。

如果跳出了审美阶段，那么人就进入第二个阶段，这个阶段也就是伦理阶段。在这个阶段中，我们开始认为其他人是有价值的，我们尊重他们的权利，并由此承认他们的价值。由于伦理本身是不变的，因此它适用于每一个人。

与审美阶段不同，伦理阶段可以让人找到一定的意义。因为在审美阶段，"选择"没有被赋予意义，所以无所谓正确和错误。（如找一个年薪十万的工作和年薪百万的工作，这与对错有何干呢?）

只有当一个人放弃感官欲望，关注普遍尺度，才可能出现伦理生活，那么在这个意义上，也就超越了当下和短暂的标准而获得了一种承认。在这种承认中，你会觉得自己获得了一种更高意义上的存在。这其实也就是康德所说的：道德不是教导我们怎样才能幸福，是教导我们怎样才能配得上我们的幸福。

但是，这样一种新的存在也会让人有一种深深的焦灼感。这种焦灼感在于，我们越是意识到普遍规律的命令，越是强烈地意识到我们不能坚持这些命令。在"知道"和"做到"之间，有一个天然的鸿沟。人每天都在立志行善，但总是无法做到。

在克尔凯郭尔看来，一个人真正的存在是进入第三个阶段的存在——能够跨越"知道"与"做到"之间的这个巨大的鸿沟。

能够实现这种存在的人，必然是极少数的。大部分的人只在第一个阶段即审美阶段中获得存在。在克尔凯郭尔看来，第一种阶段的生活方式是大多数人的特征，大多数人在生活中并没有真正超越儿童和青年时代，他们只关注当下的满足，也许会有少许的自我反思。

经常有媒体报道，有些孩子为了玩游戏，为了给"网红"打赏，将父母辛辛苦苦的积蓄瞬间花光。当然，你可以说，这些孩子只是为了获得一种存在感，但这种存在感只是第一个阶段的存在。然而，我们许多人其实和这些孩子一样，都只是在这种阶段中获得了存在的"意义"。（在克尔凯郭尔看来，这其实没有意义）

克尔凯郭尔所提出的关于存在主义的三种阶段，经常让我反思自己身处何种阶段。

当我写这篇文章时，我又处于哪种阶段的存在呢？

# 爱要常觉亏欠　客要一味款待

多年以前，在丽江古城有家客栈，手写着这样的对联："爱要常觉亏欠　客要一味款待"，每每想起这句话，我就发现自己爱心的亏欠。

有很长一段时间，我都觉得自己是一个很有爱心的人。我会在地铁给人让座，我会给乞丐施舍，我还会给他人捐款，甚至看到遥远的异国他乡有人受苦受难，我也会心酸难过。

年少时读卢梭的《论人类不平等的起源》，我深深地折服。我在想这是一个多么敏感的人啊，看到人类受苦，居然会流出伤心的泪水。

我与卢梭心有戚戚然。

每当我想到自己是一个如此有爱心的人，我就很开心。

那时，我觉得自己的爱心植根于内心的良善。

我把自己的善心追溯到我的童年。

似乎，从小我就有这样一颗善心。小的时候，我收养过流浪猫，还曾经邀请乞丐来家里喝水吃饭，这一度让我父母非常生气。

后来，我的小猫被父母赶走了，因为它把一只啃过的老鼠放在我的床上。很长一段时间，我都在埋怨我的父母，因为我觉得小猫可能想把好东西和主人分享。

后来，我也不再邀请陌生人来家里做客，因为父母告诉我会有拐卖小孩的坏人。

随着年岁的渐长，读的书慢慢地多了，才发现我所敬仰的卢梭只爱抽象的人类，根本不爱具体的人。

卢梭和女仆长期同居后结婚，后者为他生了五个孩子，卢梭把他们都送往了孤儿院。他在《忏悔录》中为自己辩护，说他忙着爱人类，以至于没有时间来关心自己的孩子。

《悲惨世界》中抛弃芳汀母女的多罗米埃也曾经引用卢梭的高论，为自己始乱终弃的行为辩解。所以，这是为什么詹姆斯·斯蒂芬在《自由·平等·博爱》一书中说"我在读卢梭的《忏悔录》时发现，几乎很少有文学作品能像他对人类表达的爱那样让人恶心"。①

仔细想想，其实我和卢梭一样，爱抽象的人类胜过于具体的人。

因为抽象的人类如此可爱，而具体的人如此麻烦。

---

① [英]詹姆斯·斯蒂芬：《自由·平等·博爱》，冯克利、杨日鹏译，江西人民出版社 2016 年版，第 178 页。

　　想象中的人类越可爱，越是觉得身边之人乏味恶心。

　　对抽象的人类的爱是无须付出代价的，但对具体的人的爱则总是要投入大量的时间和精力。

　　然而，真正的爱一定要是付出代价的，牺牲越大，爱心也就越大。无须付出代价的爱不是为了欺骗自己，就是为了欺骗他人。

　　想起小时候的一些爱心之举，无论是收养流浪猫，还是邀请乞丐，我其实都不需要付出什么代价，付出代价的是我父母，他们喂养小猫，给乞丐烧饭，而我只是单纯地发出邀请。

　　我只是想让小猫和乞丐陪我玩耍，因为我感到孤独。

　　相反，我的父母倒比我更有爱心，毕竟为了让我开心，他们帮我养了很长一段时间的猫，他们还忍住内心的不悦，招待乞丐。

　　仔细想想，自己所矜夸的良善不值一提，孩童时期也曾经做过无数的坏事，内心其实很邪恶。

　　我小时候曾经掏过鸟窝，把麻雀摔死；为了好玩，还把烧红的炭火朝奶奶家的小狗身上扔过。小狗差点咬我，但被奶奶制止，这留下我终生对狗的恐惧。

　　很长一段时间，每当我看到狗身上的伤疤，我都会想起自己的残暴。虽然，我在记忆中不断地自我删除和筛选，我更多地想到的是收留小猫的"壮举"，而非虐待小狗的不堪。

有一句话我非常喜欢，我一直把它作为我邮箱的签名档——爱是恒久忍耐。

真正的爱一定要付出代价，要在牺牲中学会忍耐。

这几天有亲戚来北京开会，因为食宿自理，所以想暂住我家。我最初表示欢迎，但后来知道她在上飞机前有点感冒。我于是开始头大，害怕她会带来流感病毒，但是又不好意思拒绝。

前段时间家人感冒，跑了不知道多少趟医院，现在病还没好彻底，结果又来一个"感冒分子"，我非常害怕自己和家人被传染。

亲戚开了半天会就病倒了，所以这次北京之行成为养病之旅。会也开不了了，天天躺在家里。我只能帮忙照顾。当然，我也不断地消毒碗筷，戴着口罩进进出出。

我心里开始埋怨，既然生病了，为什么还要来开会呢？

当然，我还不得不戴上爱心的面具，毕竟是亲戚，毕竟大家都说我有爱心。

但伪善让我很不快乐。

我于是又想起了丽江古城那家客栈的对联——爱要常觉亏欠，客要一味款待。

我希望走出恐惧，因为恐惧让我的爱心越来越小。

人之所以恐惧，是因为我们对未知的害怕。

我们越想按照既定的计划来规划时间，我们就越会对突如其来的事件心生怨恨。

我们可以按照自己的主动安排来表达爱心，如有空时探访孤儿院，得闲时做做义工。

但是我们不愿意未经规划地表达爱心。

然而，后者也许更加重要。

如果对未知之事保持一种开放之心，受到一种生活在愉悦的漠然之中的召唤，人生也许会无比的幸福。

# 看客杀人，该当何罪？

2018 年 6 月 20 日，一位花季少女，在冷漠看客的欢呼和怂恿下，跳楼自杀。

以他人的受难来获取快感，这种邪恶令人发指。若说看客的行径禽兽不如，这似乎都是对禽兽的侮辱。除了人类，岂有兽类会因同类的痛苦而感到快乐？

虽然不是匡扶道德的"万灵丹"，但是法律必须有所作为。

我国司法实践和刑法理论界的主流观点都认为帮助自杀应当以故意杀人罪论处。

现行刑法规定："故意杀人的，处死刑、无期徒刑或者十年以上有期徒刑；情节较轻的，处三年以上十年以下有期徒刑。"

从法条上看，故意杀"人"的对象并未限定为"他人"，这不同于故意伤害罪（"故意伤害他人身体的……"）的规定。之所以这么规定，就是为了打击帮助自杀等自杀关联行为。

帮助不仅包括物质上的帮助，还包括精神上的教唆或鼓励。当准备跳楼的女孩犹豫不决，冷血看客的喝彩与怂恿是一种典型的"精神帮助"，客观上对自杀者的死亡结果具有原因力。只要有证据证明，看客们主观上希望或放任女孩死亡，就可以认定为故意杀人罪。

帮助自杀者并未直接实施杀人行为，杀人是自杀者亲力亲为。这不同于得到被害人承诺的杀人，如医生对患者实施积极安乐死，又如受自杀者之托将其勒死，在这些行为中，自杀者以外的他人直接实施了故意杀人行为。在刑法理论中，这构成故意杀人罪没有障碍，虽然杀人得到了被害人的承诺，但是包括我国在内的大部分国家都认为生命权不能被承诺放弃。

也许有人会问，自杀不是犯罪，帮助自杀何罪之有？

诚然，现代刑法不再将自杀视为犯罪，但为自杀提供帮助的行为仍应为法律所禁止。自杀毕竟不是法律推崇的行为，为自杀者提供帮助，无视生命之价值，是对他人生命的变相剥夺。

基于生命神圣的观念，自杀虽然不是犯罪，但它亦是一种违法行为。在康德看来，人是目的，不是纯粹的手段。谋杀和自杀都把人当成纯粹的手段，没有把人的人性当作目的来尊重，都违反了"禁止杀人"这个绝对命令。

许多国家都直接规定了帮助自杀罪，如《意大利刑法典》第 580 条规定："致使他人自杀的，鼓励他人的自杀意愿的，或者以任何方式为自杀的实施提供便利的，如果自杀发生，处以 5 年至 12 年有期徒刑。如果自杀没有发生，只要因自杀未遂而导致严重的或者极为严重的人身伤害，处以 1 年至 5 年有期徒刑。"甚至在安乐死合法化的荷兰，其刑法第 294 条也规定："故意鼓动他人自杀，协助他人自杀或替他人找到自杀方法，且该自杀行为随后发生了的，对犯罪人，处 3 年以下监禁，或处四级罚金。"

我国刑法虽然没有帮助自杀罪的规定，但是刑法第 300 条规定了组织、利用会道门、邪教组织、利用迷信致人重伤、死亡罪，其刑罚最高可达无期徒刑。该罪涉及的也是一种典型的帮助自杀行为。

至于其他的帮助自杀，我国刑法虽然没有明确规定，但依然可以通过合理的刑法解释学予以规制。

不法是连带的，责任是个别的。这是大陆法系有关共同犯罪的一般理论。13 岁的未成年少年与 18 岁的男子一起实施性侵，两人具备共同的强奸不法行为，属于强奸罪的共同犯罪，成立轮奸这种加重型的强奸罪。只是由于 13 岁的少年没有达到责任年龄，不构成犯罪。但此责任排除事由只能由未成年人个别享有，无法连带排除 18 岁男子轮奸的罪责。

同理，在刑法理论中，一般可以把帮助自杀者视为和自杀者共同实施了故意杀害自己的杀人不法行为。对自杀者本人在道德情感上可以宽宥，没有处罚必要，应排除其责任。但责任排除只能针对自杀者本人，无法连带至帮助者。因此，帮助自杀者应以故意杀人罪追究其刑事责任。在司法实践中，这属于情节较轻的故意杀人罪，可处 3 年以上 10 年以下有期徒刑。

当然，有个别学者反对这种立场。在他们看来，自杀根本就不是违法行为。他们或者认为自杀是合法的，或者是既不违法又不合法的中立行为。根据这种立场，帮助自杀不应该以犯罪论处。

但是，这种观点不仅在理论上是错误的，在实践上也可能导致极其可怕的后果。

无论是将自杀视为合法行为还是中立行为都是对生命神圣这个观念的消解。其哲学依据是极端自由主义，代表人物是约翰·穆勒。在穆勒看来，只要行为不妨害他人，法律就不得干涉。但这种理论完全是真空中假想理论，人的任何行为都不可能与他人完全无关。社会是一个有机的整体，人与人之间有着千丝万缕的联系。自杀虽说是个人的选择，但是它所产生的后果不可能不妨碍他人。

事实上，即便穆勒也反对自杀。在穆勒的自由观念中，自由并不允许一个人有放弃自由的自由。这就是为什么即便按照穆勒的观念，得到他人承诺的杀人（如安乐死）依然要以故意杀人罪论处。因为人没有放弃自己生命的自由，这种放弃已经根本上妨碍了人的自由，因此是错误的。

更为可怕的是，一旦消解"生命神圣"这个基本的观念，看似无拘无束的自由必然带来绝对的奴役。那些竭力宣扬自由的斗士往往成为自由最危险的敌人。在历史上，臭名昭著的纳粹将残疾人、精神病人视为没有生存价值的人群，予以毁灭。名曰人道关怀，实为国家谋杀。一旦生命神圣的观念被忽视，一切罪恶也就有了合理性。历史不是单纯的故事，它总是不断重复。人类的悲哀在于从历史上唯一得到的教训就是从来不吸取教训。

当前，随着互联网的发展，许多国家出现"网络自杀"这种新现象。在互联网上有专门的"自杀网站"，为有自杀想法的人提供交流的空间，寻找"自杀伴侣"，共同策划自杀方案。更有甚者，在这些自杀网站上，还有专门为自杀者提供的"指导手册"，详细列举了各种可行自杀方法及其痛苦程度。更令人咋舌的是，还有人在网上发帖，为他人自杀提供"技术服务"。

如果自杀是合法的，或者中立的，那么类似的网站就无法取缔。这种观点太过荒谬。

《刑法修正案（九）》增设了非法利用信息网络罪，对于

"自杀网站"完全可以用这个罪名进行规制。法条文的规定是"设立用于实施诈骗、传授犯罪方法、制作或者销售违禁物品、管制物品等违法犯罪活动的网站、通讯群组的……"，显然，适用这个罪名的前提是将自杀视为"违法犯罪活动"。

总之，生命是神圣的，自杀是错误的，帮助自杀则构成故意杀人罪。

刑法有义务去捍卫道德底线，但刑法无力阻挡道德的滑坡。

特蕾莎修女说："我们以为贫穷就是饥饿、衣不蔽体和没有房屋，然而最大的贫穷却是不被需要、没有爱和不被关心。"

如果冷漠的看客还有一丝爱心，悲剧就不会发生。

这些看客要因其冷漠受到法律的严惩，但真正的救赎远未到来。

# 春雪若盐　触地即化

2018 年 4 月 4 日的北京，下了一场春雪。

气温骤降，人们再次换上冬装。

碎雪如盐一般，还没有落在地上就化了。

我想起了《世说新语》中一个著名的典故——

东晋名士谢安跟子侄讲论诗文，窗外雪急，谢安遂问道："白雪纷纷何所似？"

侄儿谢朗说：

"撒盐空中差可拟。"

但侄女谢道韫却说：

"未若柳絮因风起。"

一句"柳絮因风起"让谢道韫名垂千古，后人大多认为柳絮远比撒盐传神。

但是，我个人的观感却是相反。无论北国南地，我从未见过如柳絮一般的白雪，柳絮轻薄，随风飘荡，但雪花厚重，很难如柳絮一般在空中飘舞。

可能我从小生活在南方，见到的雪大多属于"雪渣"，似盐非絮。当然，个人经验有限，所言难免存在偏见。

然而，对于包括我在内的大多数国人而言，撒盐之喻与柳絮之比，后者在文字上似乎让人更觉优美。

谢朗的盐喻有点像写实主义，但道韫的柳絮之说则更像是超现实主义。

国人作文，往往强调意蕴，而不在乎写实。我从小作文不好，因为经常无法写出老师所要的"高大思想"。

记得 1989 年的小升初考试，当时的作文题是"写一件印象深刻的事"。

我写的是池塘中的碎玻璃。大意是学校旁边有个美丽的池塘。有一天我和同学下水嬉闹，却被塘里的玻璃片割伤。于是我极力谴责那些乱扔垃圾的人，破坏环境，损人不利己。

当时我的父亲帮我查阅了成绩，我数学 100 分，语文 82 分。作文得分极低，据说是立意有问题——一个小孩子居然整天看社会阴暗面，思想不健康。

所以，后来我一直对作文有恐惧感，因为我实在无法升华自己的思想。

中学时学杨朔的《荔枝蜜》，很稀奇作者为什么那么厉害，能够从小小的荔枝中升华出那么高大的思想。当时老师还特别强调，作者写作的时候正值三年自然灾害，但作家的眼界却超越了暂时的困难，看到了光明的未来。

中学期间,我唯一一篇得过高分的作文是写苍蝇的。当时我上课走神,在观察窗外的苍蝇产卵。后来老师说作文可以自选题目,我就写了一篇产卵的苍蝇。结果得了92分,我整个学生年代,作文从来没有得到这么高的评价。

但是,在作文最后,老师用红笔写道:"这篇作文感觉不像一个初中生写的,你老实说是你写的吗?"

从此以后,整个学生年代,我再无写作的兴趣。之所以后来选择了文科,是因为数学好,老师说你的数学在理科班不占优势,但在文科班是一个极大的优势。可惜我现在的数学连辅导小学生都吃力了。

中国文人似乎对于超现实主义都情有独钟,但是对于现实主义却重视不足,不知这是否是中国文化的常态。

但有一点肯定的是,超现实主义的心理很容易接受西方浪漫主义的传统,而对循规蹈矩的保守主义不怀好感。

这也许可以解释为什么在西学东渐的 20 世纪,中国人欣赏的大多是法国、德国的激进主义思想,这种不断寻求个体解放、崇尚反叛,打破一切规则的浪漫情怀很容易俘获中国知识分子的心。

在浪漫主义看来,规则必须打破,只有突破规则的紧身衣,人才能获得最终的解放,获得自由。但是,仅仅拒绝规则也是不够的，因为拒绝会带来另一种保守，拒绝规则本身会成为一种新的规则。但规则必须被彻底破除。

所以英国哲学家伯林说，从逻辑结构来看，浪漫主义会以精神错乱告终。但是，浪漫主义本身根本就无视逻辑结构，他们认为逻辑本身就是对人的束缚。

浪漫主义有两个主要的继承人，一是政治上的法西斯主义，二是哲学上的存在主义。之所以说法西斯对浪漫主义有所借鉴是因为它们持有一个共同的概念，那就是一个人或一群人的无法预测的意志以无法组织、无法预知、无法理性化的方式前进。"领袖明天将发表什么言论，精神如何推定我们，我们去往何方，我们将做什么，一切都无法预言。"①

而法国的存在主义抛弃了一切价值和规则，因此他们发现人完全在无意义的宇宙中生活，人的存在本身也毫无意义，人的"本质"即为没有本质，人已经无家可归。所以人的存在先于本质，人只有不断地进行选择来表明自己的自由。没有对错，没有价值判断，群婚也好，兽恋也罢，一切都只是你个人的选择，然后你勇敢地承担责任。

但是，万物总有本然，如果缺乏人的本质，人类一词也

---

① ［英］以赛亚·伯林：《浪漫主义的根源》，吕梁等译，译林出版社2008年版，第144页。

就毫无意义。

　　我为什么要视对方为人呢？为什么看到昨天新闻上说有人割下弱智少年生殖器致其死亡，会觉得行凶者令人发指呢？为什么不能视对方为狗为猫，甚至为无物呢？（事实上，称其为狗为猫依然是一种类型化的说明。如果没有本质，语言也就没有意义，人与人无法沟通）

　　人的尊严总是先验的，在我们存在之前就早已有了这个概念。道德规则也不是人的发明，而是人的发现，否则人类社会必将沦为动物世界——强者通吃一切，强权即真理。


　　离题太远，还是说说雪吧。

　　中国强调文以载道，这本身没有太大的问题。但是如果不在写实的基础上载道，那么道理难免是空洞的，一如柳絮，轻飘无物。

　　昨天我在微博上写下这样一段话，算是载道吧：

　　窗外雪花飘舞，但触地即化。

　　虽风雪交加，但冻不住苏醒的人心。

# 生命的尊严：未知死，焉知生？

母亲身患重病，瘫痪在床，女儿女婿打工赚钱，为母治病，终日端茶喂饭、洗脚擦身。母亲实在无法忍受疾病的折磨，一次一次哀求家人帮忙购买毒药，让她尽快解脱。终于，女婿买来毒药，女儿、女婿和老伴儿眼睁睁地看着她服下毒药。数个小时后，她离开了人世。

这起令人唏嘘不已的案件发生在浙江台州，2018 年 6 月 1 日，法院以故意杀人罪判处女婿、老伴儿有期徒刑 3 年，缓刑 5 年；判处女儿有期徒刑 2 年，缓刑 3 年。这个判决算是在现有法律框架中非常宽宥的处理了。

该案涉及安乐死这个让人无比沉重的话题。

一般说来，安乐死可以分为积极安乐死和消极安乐死，前者是采用积极的措施加速患者的死亡进程，如给患者注射或服用剧毒药品、麻醉药物让其迅速死亡；后者则是通过停止、放弃治疗，让患者自然死亡。包括我国在内的绝大多数国家和地区都对消极安乐死持容忍态度，但对积极安乐死则认为属于犯罪。

荷兰是世界上第一个将积极安乐死合法化的国家。2001年4月1日，荷兰国会众议院、参议院分别以104票赞同、40票反对和46票赞同、40票反对、1票弃权，通过了安乐死合法化法案。紧随其后的是邻邦比利时，2002年5月，该国成为世界上第二个将安乐死合法化的国家。当然，两国对于安乐死的条件有严格的限制。荷兰法律要求安乐死只能对12周岁以上的人实施，而且必须符合"合理关怀标准"（Due Care Criteria），否则其行为还是构成刑法中所规定的受嘱托自杀罪，最高刑为12年监禁。这个标准共有六个要点：

第一，患者必须经过深思熟虑的审慎考虑。

第二，医院方经过确诊认为患者的病情没有治愈的可能，而其本人正经受着无法忍受的痛苦。

第三，医院方必须如实地向患者本人告知病情的现状及前景。

第四，医院方已经与患者一致认为，除了"安乐死"，别无他法来解脱病人的痛苦。

第五，负责治疗的医生就上述4点出具书面意见书，并同时要得到另外一位独立医生的支持。

第六，医院方必须保证对患者实施正当合理的"安乐死"方式①。

其他国家对安乐死的态度则颇为保守，德国、奥地利、意大利、英国等主要发达国家，法律明确禁止积极安乐死，并对实施者处以重刑。相比而言，美国的态度更为保守，虽然美国大多数州都承认了消极安乐死，但相当多的民众和政要甚至认为这也不能接受。

我国的立场与大多数国家相同，消极安乐死不构成犯罪，但对积极安乐死，主流的刑法理论及司法实践从来都认为这属于故意杀人，只是在量刑时可以从轻。

率先对法律提出挑战的是王明成及医生蒲连升。1986年6月23日，陕西省汉中市的夏素文因肝硬化腹水病情恶化，神志不清，被儿子王明成送到汉中市传染病医院救治。因不忍看到母亲忍受生不如死的痛苦，王明成跪地向蒲连升求情，希望对母亲实施安乐死，蒲连升最终开具了处方，并让王明成在处方上签字。随后，他同另一位医生分别给患者用了若干毫克的"冬眠灵"注射药。1986年6月29日凌晨，患者夏素文死亡。后王明成和蒲连升被检察机关以故意杀人罪起诉，1991年5月6日，一审法院判决两人无罪，但检察

---

① Bert P. Dorenbos, *The Dutch Euthanasia Law*, Public Justice Report, Vol. 25, No. 3, 2002.

机关提起抗诉，1992 年 6 月 25 日二审法院维持了原判。法院虽然判处两人无罪，但巧妙地回避了安乐死这个问题。因为"冬眠灵"是慎用品，而非忌用品，其致死量是 800 毫克，但蒲医生给患者只用了 87.5 毫克。法院最后认为，医生的行为不是导致患者死亡的直接原因，夏素文的直接死因是肝性脑病、严重肝肾功能衰竭，不排除褥疮感染等原因，也就是说蒲医生对夏素文实施的并非真正的安乐死。如果药物是患者致死的直接原因，法院就无法回避了。

王明成被释放之后，患上了胃癌，他多次希望能有人对他实施安乐死，但均遭拒绝。2003 年 8 月 3 日凌晨，王明成在极度的病痛中停止了呼吸。①

生存还是死亡，这个哈姆雷特式的诘问，在安乐死中被追问到了极致。

今天，人们讨论安乐死有关问题的时候，往往拒绝形而上学的道义考量，而倾向从后果角度进行功利主义的考虑。

反对安乐死的人士，大多认为救死扶伤是医生的神圣职责，延长生命是医生不可推卸的责任，医生必须尽一切可能

---

① 《我国首例安乐死详尽报道：王明成与"安乐死"》，载南方网，http：//law. southcn. com/fzxw/200308040776. htm？ COLLCC ＝ 3851671554＆COLLCC ＝3692281951＆，最后访问时间：2018 年 10 月 1 日。

挽救患者的生命，安乐死不仅不道德，还违背了医学的宗旨，这也使医学故步自封，失去发展的机会。允许安乐死将使得患者至少失去三个治愈的机会：自然康复的机会、继续治疗恢复的机会、医学发展治愈的机会。他们担心允许安乐死将造成严重的伦理危机，它不仅会使那些居心不良的人利用安乐死来谋害他人，还可能纵容那些不愿照顾亲人的家属放弃对病患的照顾，这将使得家庭成员的互相扶助义务变得越来越冷漠，更有甚者，它还可能会为医疗人员谋私打开方便之门。

而赞同安乐死的人却认为，人的生命只有在有质量的状态下才是有意义的，对于濒临死亡的患者，在穷尽一切治疗手段都无效的情况下，死亡是不可避免的，那么为什么不能尽量减少他所承受的痛苦呢？安乐死并非从生到死的转变，而是在死亡过程中，让人从"痛苦"到"安乐"。这是对患者人格的尊重，如果不顾患者的意愿，在根本无法治疗的情况下，空谈救死扶伤，眼睁睁地看着他们承受无法忍受的痛苦和煎熬，这是对患者人格尊严的亵渎，这才是真正的不道德。为了医学进步而无视患者尊严，把患者作为研究对象，以期发现治病良方，这太不人道，更何况，医学的发展并不总是依赖于临床医学，大量的疾病都是在实验室攻破的。在病人无法治愈的情况下，用医疗设备维持他的生命特征，这将浪费大量的医疗经费，反而不利于医学的发展。至于安乐死可能带来的家庭和医生责任问题，赞同者认为这完全可以通过严格的法律条件来加以限制。相反，如果视安乐死为犯罪，那将会出现大量私下的安乐死，这反而会使问题变得更为恶化①。

然而，脱离形而上学的功利讨论会陷入无解的难题，功利主义所考虑的变量总是有限的。如果出现新的变量，先前的功利计算就要推翻重来。比如，赞同者认为允许安乐死可以节约医疗经费，促进医学发展。但是，如果允许安乐死，若医生对安乐死的条件判断失误，是否会引发严重的医患冲突，导致医疗经费成为维稳支出，让医疗经费更加短缺？

赞同者和反对者各执一词，谁也无法真正说服谁。在这两种立场之间，其实有一种折中，这就是尊严死。尊严死是指患者事先以书面形式确认，如果疾病在现有的医疗条件下属于无法挽救的，就拒绝没有意义的延长生命的医疗措施，如停止采取呼吸机、人工透析、化学疗法、静脉输血、补给营养液等措施，而让其自然死亡。尊严死与安乐死相似，但又有很大不同。它不同于积极安乐死，尊严死不主动为患者

---

① 李惠：《情与法的冲突：安乐死在中国的应然性和实然性的分析》，载《上海大学学报》2006 年第 5 期。

提供致死的手段和方法，它也不是消极的安乐死，它不需要在患者濒临死亡时就可以实施，比消极安乐死的时间有所提前。尊严死的观念最早在美国产生，后来推广到很多国家，日本现在也很流行，很多人都在"不进行没有意义的延长生命，积极迎接自然死"的文件上签名。在日本尊严死协会的《尊严死宣言》上签名的会员，截至 1994 年，已近 7 万人。①尊严死并不存在像积极安乐死那么强烈的道德指责，医生没有实施积极的终止生命方式，因此它和民众的情感以及法律没有太多抵触。

在我国刑法理论中，安乐死至少涉及两个问题：一是帮助自杀，二是得到被害人承诺的杀人。在帮助自杀的情况下，行为人并不实施故意杀人的实行行为，只是为自杀者提供便利条件；但在得到被害人承诺的杀人中，行为人则实施了故意杀人的实行行为，只是这种行为是当事人所同意的。

积极安乐死一般都属于得到被害人承诺的杀人行为。但是在许多案件中，两种情况往往混在一起。以台州发生的案件为例，为患者购买毒药是帮助自杀行为，但是当患者中毒，负

① 王雯姝、张中和：《关于安乐死与尊严死——医学与哲学工作者的对话》，载《医学与哲学》1999 年第 6 期。

有救助义务的亲人不予救助在法律上则是故意杀人罪的实行行为（不作为），只是这种实行行为是被害人所承诺的。

根据现行刑法的规定，故意杀人罪的表述是"故意杀人的……"，而非"故意杀害他人的"，因此，自杀至少在文理上符合故意杀人罪的构成要件并无问题。但是法律的适用并非冰冷的逻辑推导，它一定要考虑社会生活的实际需要，体悟每个血肉之躯的喜怒哀乐。

关于安乐死的法律性质，关键的问题在于人是否有权处分自己的生命？如果这个问题的答案是肯定的，那么无论是帮助自杀，还是安乐死，不说是助人为乐，也绝非犯罪。但如果答案是否定的，那么把它们视为犯罪的传统观点就具有合理性。

关于这个问题的回答依然只有两种进路，一是基于后果的功利论，二是传统的道义论。

功利主义认为，人类由痛苦和快乐主宰，道德的最高原则就是使幸福最大化，使快乐总体上超过痛苦。法律的根本目的在于追求"最大多数人的最大幸福"。然而，这种立场最大的缺陷在于对个体权利和人类尊严的忽视。"最大多数人的最大幸福"不仅容易导致多数人的暴政，而且更为可怕的是，少数也往往假多数之名，肆意侵犯人权。

因此，今天的功利主义大多接受自由主义的修正，这主要拜穆勒所赐。穆勒认为，从长远来看，尊重个体自由会导向最大的人类幸福。

根据穆勒的观点，只要行为不妨害他人，法律就不得干涉。穆勒认为，"对于他自己，对于其身体和心灵，个人就是最高的主权者。"根据这种观点，似乎可以推导出自杀是被允许的，因为人是自己生命的主宰。但是穆勒显然不同意这种结论，在论及自愿卖身为奴契约的有效性问题上，他告诉我们，"自由原则不允许一个人有不要自由的自由，而允许一个人让渡自己的自由，也不是真正的自由。"①

总之，对于人是否可以处分自己的生命，功利主义是模棱两可的。除了少数极端的自由主义者认为人拥有处分自己生命的权利，大多数功利主义者都难以接受这种结论。因此，自杀行为不可能与人无涉，如果自杀可以随意为之，它不仅会带给当事人家庭极大的痛苦，也会给社会秩序带来巨大冲击。

更为可怕的是，如果根据快乐和痛苦来作为人生的福祉，当痛苦远超快乐，人就有权终止生命。那么，对某些人而言，出生本身就可能是一种严重的伤害。人可以选择死亡，但却无法选择出生。如果生来就是智力障碍、残疾，一

---

① 约翰·穆勒：《论自由》，孟凡礼译，广西师范大学出版社 2011 年版，第 123 页。

生凄苦，这种人生值得度过吗？如果不值得度过，那么父母是否构成对子女的侵权呢？尤其当父母没有听从医生的建议，依然生产有缺陷的孩子。长大成人的孩子是否可以起诉父母，国家是否又可以追究父母的不当之举呢？甚至，国家是否可以基于功利主义而任意终止这些活在痛苦中的生命呢？

不要把这看成荒诞的推理。格茨·阿利在《累赘：第三帝国的国民净化》一书中，就揭示了纳粹德国如何根据功利主义哲学，以科学的人道的"安乐死"名义"毁灭没有生存价值的生命"。1935 年到 1945 年，在德国政府的主导下，有近 20 万德国人死于这场以安乐死为名义的国家谋杀。除了德国犹太人，在"二战"期间，没有第二个德国国内群体遭受过比这更大规模的屠杀。事实上，这种国家屠杀还有着一定的民意基础。

托克维尔在《旧制度与大革命》一书中早已警告我们："谁要求过大的独立自由，谁就在寻求过大的奴役。"没有道义约束的自由往往开启的是一条通往奴役的道路。

传统的道义论并不根据后果进行功利计算，而只考虑行为本身是否正当。如康德所言"道德本来就不教导我们如何使自己幸福，而是教导我们如何使自己无愧于幸福"。

在道义论看来，人类尊严是超越经验的，而非人类理性和逻辑推导的结论。它不是一个可以根据情况随意更改的假设，而是维持人类生存的先验本体。康德认为，人是目的，因此不能作为手段对待。谋杀和自杀都把人当成了手段，没有把他的人性当作目的来尊重。如果为了逃避一种痛苦的情形，就结束自己的生命，那么人就是将自己作为一种解脱痛苦的手段。

不同于功利主义的含糊不清，道义论则直截了当地认为人无权处分自己的生命，自杀与谋杀一样都是错误的。

对于习惯了快乐、自由、满足这些话语体系的人们而言，道义论的观点很不讨人喜欢。但是，它的合理性显而易见。一方面，道义的限制可以对自由进行合理的约束，防止人们因着无节制的自由走向放纵的毁灭。在道义论看来，穆勒式的自由主义对人性有着过高的估计。但是人性有幽暗的成分，如果缺乏必要的道义约束，人的幽暗会因着自由被无限放大。人们习以为常地认为，人会因着自由选择高尚，但事情往往事与愿违，很多人并不喜欢高尚的事物，往往更喜欢卑下，尤其当人在没有任何约束的情况下，更是如此。

另一方面，道义的限制也是对国家威权的约束，防止国家拥有无限的权利。国家并非最高道德权威的化身，相反它要接受传统道义的必要限制。国家不能以任何美好的名义突破道义的底线。在道义论看来，没有限制的个人自由和没有约束的权力专断不过一枚硬币的两面。历史一再告诉我们，当社会道德约束一旦松弛，每个人都成为一种自由的离子状态，社会秩序将大乱，人们也就会甘心献上自己的一切自由，接受权力专断所带来的秩序与安全，自由会彻底地走向它的反面。

有许多人非常反感道义论的道德强迫，认为不能以道义之名来强推价值观。但是问题在于，在道义规范所推崇的价值观与无视道义的国家意志之间，哪种更具有强迫性呢？

小说《莱博维茨的赞歌》讲了这样一个故事：核辐射给人们带来了巨大的痛苦，为了应对这种情况，政府成立了救助机构"绿星"，那些无法挽救的人可以到"绿星"让医生帮助结束生命，从痛苦中"解脱"。科斯医生是"绿星"的负责人，他要求泽而基修士利用修道院来协助他做这项工作。泽而基修士答应了他，但条件是不能在修道院内实施安乐死。但是科斯医生有着坚定的信念，他认为痛苦是唯一的恶，只要能够减轻痛苦，做什么都是应该的。冲突于是发生，一个未婚的母亲和她的孩子遭受了无法忍受的核辐射，承受了巨大的痛苦。在修道院，科斯医生劝这位母亲接受"绿星"的"治疗"。但泽而基修士却认为必须尽一切的可能阻止她们接受这种治疗。

面对这种冲突，有人可能会说，"我认为安乐死是错误的，但我永远不会把自己的价值观强加于人，每个人都应自主决定。"

故事是这样发展的：年轻的母亲不知该如何决定。一方面，科斯医生不能强迫她们接受"治疗"；另一方面，她也不确定是否听从泽而基修士的观点。

她该如何选择呢？

科斯医生代表功利论，泽而基修士代表的则是道义论。

年轻的母亲决定去"绿星"再听听科斯医生的建议。但泽而基修士认为她们面临着生命的危险。在良心的煎熬下，泽而基修士把那位母亲和她的孩子带到自己的车里，想把她们带到修道院，以保证她们的安全。科斯医生却叫来了警察，警察让泽而基修士把车停到路边。

警察问这位年轻的母亲，"你准备怎么办？"她不知道如何抉择。

当泽而基修士想开动车辆时，警察却将钥匙拔了出来。这注定了年轻的母亲只有接受科斯医生的建议。

这个故事告诉我们，很多时候人们并不知道如何选择，你不是遵循道义的指引，就是按照国家意志来生活。无视道义约束的个人自由与漠视道义的国家意志不过是一体两面。

笔者总体认同道义论的立场，人无权处分自己的生命，自杀是错误的。但是刑法是最严厉的惩罚措施，错误不一定就是犯罪，虽然犯罪一定是错误的。犯罪也不一定要受到刑罚处罚，虽然受到刑罚处罚的行为一定是犯罪。现代刑法理论区分不法与责任，一种不法的行为如果是一般人可以去宽恕的，那么它虽然错误，但却可以从宽甚至免于处罚。因此，台州市中级人民法院的判决值得肯定。

法律的推理应该是有温度的，我们在原则上要维护生命神圣这个基本的信条，在法律上宣示自杀及其关联行为的错误性。但是在每个具体的案件中，我们必须考虑个体在不同情境中的迫不得已，接受每个个体无可奈何的悲情诉说。

古希腊哲学家爱比荷泰德说："我们登上并非我们所选择的舞台，演绎并非我们所选择的剧本。"按照这种观念，即便在痛苦之中，人也可以经历生命中的圆满。这段话的现代表述是电影《无问西东》的台词，"如果提前了解了你们要面对的人生，不知你们是否还会有勇气前来？看见的和听到的经常会令你们沮丧？"

孔老夫子教导他的门徒：未知生，焉知死？

但安乐死给我们提出的另一个问题却是：未知死，焉知生？

心怀永恒
活在当下

# 致法学新人的第一封信：关于读书

相信大家从小到大，已经有无数人对大家说过，要好好读书，这种话都让你听得耳朵起茧子了。估计，在上大学之前，父母肯定也对你们有类似的谆谆教诲。那我想请同学慎重思考三个问题。

为什么要读书？读什么书？如何去读书？

## 一、为什么要读书

我们为什么要读书？你会毫不犹豫地说因为读书能够获得知识。那人又为什么要获得知识呢？我想答案不外乎是以下几点：因为知识可以改变人的命运、知识可以让你将来找一个好工作、知识能够让你摆脱愚昧等。宋朝皇帝真宗赵恒说得比大家更为直白："富家不用买良田，书中自有千钟粟；安居不用架高堂，书中自有黄金屋；出门莫恨无人随，书中车马多如簇；娶妻莫恨无良媒，书中自有颜如玉；男儿若遂平生志，六经勤向窗前读。"你看，读书的好处真不少：车子、票子、房子、妻子都有了。

我并不否认读书会带来这些功利性价值，但如果只是定睛于读书的功利性价值，那我要非常遗憾地告诉大家，我们在大学学的很多东西将来可能都没有用处。做律师，能赚大钱，那我为什么要学高数，难道要用高数数钱吗？做大官，"祖坟能冒烟"，那我为什么要学法律，学学关系学、领导学就行了。

功利性读书必然让你接受成功主义的价值观，我们身处的社会弥漫的都是成功主义的哲学——你要成功，你要出名，你要成为人上人，这几乎主宰了我们一切的价值观。成功主义将成功作为重估一切价值的尺度，为了成功，你可以不择手段，你可以牺牲一切利益。大家看过《魔鬼代言人》吧，年轻有为的律师凯文（基努·里维斯扮演）经不住高薪豪宅的诱惑，带着妻子从家乡来到纽约发展，在一个又一个成功中迷失了自己，为了追求利益和打赢官司，他放弃了律师操守；为了追逐胜诉，不惜隐瞒证据；他为了事业也牺牲了家庭，甚至放弃了家庭，导致妻子自杀。最后他才发现，他其实是魔鬼的私生子，成功全都来源于魔鬼的操控。魔鬼正是试图通过成功让我们放弃自己安身立命的美好价值。在影片的结尾，魔鬼说了一句意味深长的话，"虚荣，无疑是我最爱的罪。"

功利性读书让你只想成功，无法接受失败。但我始终认为，一个人的真正成功不是在于你取得多少辉煌，而是在挫折中，你能不能勇敢地爬起来。只有非功利性阅读，才能让你坦然接受失败。在大量与功利无关的文学作品、名人传记中，主人公的失败、困苦、绝望比比皆是。那么多伟大的灵魂，他们也曾有跌倒的时候，你为什么不能跌倒？

功利性的读书让你只注重外在的功名，而忽视了内心的丰富。孔门七十二贤，不乏博学多能，高官厚禄者，但孔子最欣赏的学生却是单纯的颜回，"一箪食，一瓢饮，在陋巷，人不堪其忧，回也不改其乐"。孔子说颜回好学，"有颜回者好学，不迁怒，不贰过"，也就是说颜回心态平和，情绪稳定，善于改过自新，注重德行。这种内心的丰富在功利性阅读中不可能习得。

功利性读书会让人自高自大，孤标傲世。知识经常会让人骄傲，给人带来智力上的优越感，让你瞧不起人，无法与人建立正常的人际关系。曹丕说"文人相轻，自古而然"。这可能就是知识带来的恶果，为什么中国的文人总是互相瞧不上？因为知识让我们觉得自己与众不同，高人一等。所以很多知识分子不懂得如何去合作，只擅于单打独斗。很长一段时间，中国都没有出现世界性的大师，一个很重要的原因就是这些人过于骄傲。在座的同学们中会出现大师吗？我不知道，但我想，如果你真的想为人类的进步做出贡献的话，你必须承认自己的无知与有限，必须与他人互相配合。

因此，读书的目的不能仅限于功利，必须去追逐非功利性的价值。

在我看来，读书的真正目的是追求智慧，而非单纯的知识，从表面上来看，读书是一个悖论：让你在求知的过程中越来越觉得自己的无知。这就像苏格拉底所说的"承认自己的无知才是开启智慧的大门"。

庄子说"吾生也有涯，而知也无涯，以有涯随无涯，殆已"，这句话被很多人误读为励志名句——鼓励人多读书，其实庄子的意思完全相反，庄子想说的是，生命是有限的，而知识是无限的，以有限的生命去追逐无限的知识，会把自己搞得非常疲倦。所罗门王也说过类似的话，"著书多，没有穷尽；读书多，身体疲倦"。这些话表面上很消极，但他其实是想告诉我们，知识是无限的，在求知的过程中，必须对知识的无限性保持足够的谦卑。

所以，读书首先可以培养自己对未知世界的敬畏。随着阅读的深入，你才能知道知识的大海是没有边界的，我们所知道的真的是太有限了。

读书可以激发我们对未知世界的探索，虽然知识的海洋是无限的，个体生命是有限的，但后人对庄子的误读有合理之处。正是因为人类有智慧，不同于其他生物，所以我们必须用我们的智慧去探索未知世界的奥秘，然后更加认识到宇宙的奇妙，以避免人类的狂妄自大。

## 二、读什么书

刚才我们说过，读书的目的有功利性目的和非功利性目的。前者是为了成功，后者是对前者的纠偏：为了丰富自己的内心，避免受到成功主义的荼毒，通过读书承认自己的有限，在浩瀚的宇宙面前保持足够的谦卑之心并不断去探索宇宙的奥秘。

因此，读书也就分为功利性阅读与非功利性阅读，前者就是大家从小到大，家长老师让大家好好读的书，没有太多可讲的。大学四年，功利性阅读当然是必不可少的，你要学好专业，作为将来谋生的工具，你要学好英语，如果你不想将来和国际脱钩。

但更重要的是非功利性阅读，这可以让你感受真正的幸福。

那么，应该读什么书呢？我觉得还是应该博观约取，厚积薄发。

我们首先要"博观"，要"厚积"，广泛涉猎。文史哲不分家，因此我们首先要通读重要的文学经典。在文学中，我们可以丰富我们人生的体验，文学来源于现实，虽然从表面上看主人公是虚构的人物，但他们都是现实的折射。文学可以让我们知道人生的多样性，人生不同路径的不同结果。因此，它可以让我们学习到面临相同情境应该如何抉择。文学作品还能极大地培养人的同理心，文学中无数个体的悲欢离合、命运多舛能让我们体会人生的苦难与无常，我们会思想自己也是血肉之躯，苦难随时也会临到自身，故会感同身受，更会深刻领悟约翰·多恩的布道辞"不要问丧钟为谁而鸣"。

其次，我们必须要了解历史。如果说文学作品是虚构的人物，那历史就是真实人物的真实人生。通过对历史的阅读，我们能够更深刻地了解人性的复杂，你会对人性的高贵赞叹不已，也会对人性的邪恶不寒而栗。通过历史人物，我们也能反省自己，升华自己，去彰显人性的光辉，压制人性的幽暗。历史中，无数鲜活的个体让我们认识到人性的不完美，从此我们可以拒绝人造的偶像。正是因为对历史的阅读，我才深刻了解法治的精神，因为人的不完美，所以人类的任何群体都有败坏的天性，所以对任何权力都要保持绝对的警惕。权力导致腐败，绝对权力往往导致绝对腐败，任何权力都要套上法治的镣铐。

再次，哲学书也应看看。哲学是对人生观的探讨，这里说的哲学不是大家以前上课时学的哲学，那只是哲学中的一个门类。苏格拉底、柏拉图、亚里士多德、奥古斯丁、阿奎那、西塞罗、马丁·路德、加尔文、孟德斯鸠、洛克、波普尔、哈耶克等，这一连串名单，群星璀璨，够你一生去阅读，通过对各类哲学著作的阅读，你可以追寻先贤的脚踪，去思索人从何而来，归向何方，一生应为何而活。有兴趣的话，大家可以先从入门看起，如杜兰特的《哲学的故事》，看完后你也许会慢慢爱上哲学。

除了文史哲，美术、音乐等各种艺术书籍都可涉猎。一个爱好艺术的人，他离善道应该更近一点。不过这方面，我没有资格谈论，我自己艺术细胞很少，只看过几本美术史的著作，感觉很舒服，今后我也要在这方面补补课。

当然，"博观""厚积"之后，就是"约取""薄发"。孟子说，尽信书不如无书，读书是对前人经验的认识，必须有一个筛选的过程，绝不可人云亦云，要注意比较鉴别，明辨是非，"吾爱吾师，吾更爱真理"，读书就像迈向真理之路的交通工具，有的交通工具走得快点，有的交通工具走得慢点，飞机飞得比火车快，但航班经常延误，而且到不了小村小寨，各种交通工具都有自己的利弊，所以什么书都可以读点，不可厚此薄彼。另外，再好的交通工具如果走错方向，南辕北辙，那就麻烦了。通过读书可以慢慢树立正确的价值观，选择正确的"行驶路线"。

### 三、怎么读

那么，如何去读这些书呢？

首先，涉及去哪儿寻找这些书，老师们都会有自己喜欢的书单，上课时会给大家推荐。

大学期间，同学们应该充分利用图书馆的资源，大学的图书馆还是不错的，至少大学生应该阅读的主要书籍都有。另外，如果大家想看新书的话，可以逛书店，经济条件允许的话，最好还是上书店买书。否则都在网上购书，实体书店也就都倒闭了。

其次，大家也可以参加或组织读书小组，多人共同读书，每月读一两本好书，人不要太多，五六个人就可以了，每次由一两个同学做主报告人，其他同学参与讨论，在互动讨论中，你会有很多收获。豆瓣上的读书小组也可以参加，但我还是倾向人与人在现实空间中面对面的接触，这不仅可以读书，也可以阅人。

再次，关于读书的方法，一般的书籍都可以泛读，不要抱着读一本书要学多少东西的心态，否则就回到了功利主义的路子，很多同学经常向我抱怨"老师，我读书老记不住，读了后面就忘了前面"。其实为什么要记住呢？是为了写文章，还是为了在别人面前炫耀呢？读书就是为了读书而读书，陶渊明说"好读书，不求甚解；每有会意，便欣然忘食"。在读书过程中，有那么片刻你能达到与书同乐、欣然忘食的境界，那就达到读书的目的了。你的内心就在潜移默化中慢慢被洗涤了。

　　当然，如果你觉得一本书泛读之后，非常不错，那你可以再读、精读，对于书中让你感动不已的语句，你可以记录下来，甚至可以发在微博上，让大家分享你的心得。有很多书是可以反复读的。随着年龄的增长，阅历的丰富，同样一本书在不同时刻会给你不同的感动。在大学四年中，我想大家至少要有几本放在床头的书，没事就翻翻，就像老朋友一样，有空就聊聊，等到书翻破翻黄，你对这个老朋友可能就会有更深的了解。

　　最后，很多书籍可以利用零碎的时间来读，如坐公交、坐地铁、坐火车、坐飞机时，周末去逛书店的路途中等。记得当年我读林达的《近距离看美国》系列（这个书学习法律的同学是一定要看的）好像都是在坐公交车的时候看完的。有同学会说，在车上看书伤眼睛，或者不方便，这可能也有道理，但是我看不少同学无论在多么拥挤的车上，也照样在看手机，玩游戏。如果把这些时间放在看书上，也许你会更充实。

　　卡夫卡说，一本书，必须是一把凿开我们心中冰海的利斧。

　　亲爱的同学们，你的心中有冰海吗？

　　那么，就从现在开始读书吧！

# 致法学新人的第二封信：与人和睦相处

人是群居动物，没有谁希望自己孤独终老。特蕾莎修女说："我们以为贫穷就是饥饿、衣不蔽体和没有房屋，然而最大的贫穷却是不被需要、没有爱和不被关心。"[1] 处理人与人的关系是我们生活在这个世界上最重要的功课，但也是最难的功课。即便使用计算速度最快的电脑，我们也根本无法猜透你对面那个家伙到底在想什么。从表面上看，今天人际交往的范围越来越宽，我们有手机、微博、微信、QQ等各种交流工具，但人与人之间的距离却越来越远，咫尺天涯——也许是人与人关系现状的最佳描述。

进入大学，离开父母的庇护，我们首先要学习的就是如何与人和睦相处，在某种程度上，在大学中与人相处的学习与实践几乎奠定了你今后一生的处世之道。

对大家而言，有几个方面是非常重要的：

---

① 华姿：《德兰修女传》，山东画报出版社 2005 年版，第 49～50 页。

### 一、群体生活很重要

大家觉得，在大城市生活和在小城镇生活，哪个地方人际关系更丰富呢？哪个地方更容易培养人与人之间的关系呢？从常理上看，大城市的人那么多，人际关系应该更复杂、更丰富，更适合建立关系。但事实并非如此，相比而言，小城镇中人与人之间的关系会更为紧密，而大城市中，人与人的距离更大，人的孤独感会更强，人际交往的障碍会更多。这主要的原因是，在小城镇中，人际关系是被选择的，我们必须被动地接受形形色色的邻居，你不喜欢小狗，但隔壁邻居养狗，而且还时常会牵着狗来你家串门，那你就必须忍受；他不喜欢小孩，但隔三岔五，会有邻居让他帮着照看孩子，他也就得学会如何去接受或者喜欢上小孩。总之，在一个小群体中的我们不得不去学会如何与人和谐相处，对于人的多样性、差异性的认识要比在大城市中深刻得多。在大城市，因为人多，有很多不同的群体，你可以根据你的偏好选择交往的圈子。于是，你可以按照自己的喜好去建立人际关系，而不是被动地去适应人际关系，你讨厌狗，你可以搬到一个没有人养狗的社区，于是你也就不可能真正了解养狗人的生活。只要你根据自己的偏好选择与人打交道，你也就无法建立真正的人际关系。这就相当于在网络世界，你可以参加很多小组、群体，网络上朋友遍天下，现实世界中却茕茕孑立、形影相吊。因为，在网络上，人们是按照自己的需要去选择朋友，自己的爱好、兴趣、偏见、缺陷都在自己选择的圈子中被强化，你永远都在向自己学习，而不是向他人学习。

宿舍的集体生活提供了一个非常好的机会，让我们去学习如何构建和睦的人际关系。宿舍的同学来自天南海北，事前学校随意安排好宿舍名单。因此，同学们不可能选择与谁住一个宿舍。换言之，你来到了一个小城镇，而不是大城市。在大学的四年中，你可以近距离地接触到人的多样性与差异性。如果舍友是可以选择的，我当年一定选择与我本乡本土、趣味相投、饮食相同的人住一个宿舍，如果真是那样，我永远无法根除自己内心的孤僻与偏见，估计我的普通话现在大家还是听不懂，也很难接受北方的食物。我很庆幸学生时代有住集体宿舍的经历，它让我开始学会如何去与人相处，与人沟通，如何妥协、宽容、尊重，如何去克服自己的种种缺陷。

大一的时候，我非常不适应集体生活，我一直习惯了独住，突然和五个陌生人住在一个房间，那种不爽可想而知。有人脚臭、有人打鼾、有人磨牙，很长一段时间，我都睡不着觉，甚至还看过医生，医生说我是神经衰弱，还给我开了安眠药，当然不知道是真的还是安慰剂，反正吃了一周后就睡着了。还好当时我没有条件自己出去租房间住，如果真的出去住，那我肯定失去了从群体生活中学习的大好机会，也失去了大学生活的大部分乐趣。所以，各位同学，尤其是家在北京的同学，没事最好少回家，享受你的群体生活吧。

**二、真诚待人、建立联系**

人与人之间建立关系是需要投入感情的。无论是亲人之爱、爱人之爱、朋友之爱，都是要付出情感和时间的。今天我们生活在一个快餐时代，我们都想立即获得人际交往的结果，但不想投入过多的时间和感情。有人埋怨孩子不听话、不孝顺，和父母有代沟，但从来没有想过，自己有没有用心维护亲子关系，有没有投入时间在孩子身上；有人觉得经营爱情婚姻太过麻烦，还是"一夜放纵"直截了当，最后害人害己；有人羡慕他人好友成群，却暗自神伤自己为何如此孤独，但他从来没有想过，自己是否投入情感来获得他人的友谊。人与人之间的关系就像存钱一样，你必须先存钱，然后才能取钱，如果只取钱，不存钱，那就是恶意透支，你要面临破产了。因此，如果你想从他人身上支取感情，你首先必须存入足够的感情。

很多同学都看过《小王子》，书中的小王子见到一只狐狸，想和狐狸交往，狐狸说，我不能和你玩耍，因为你还没有驯服我，还没有和我建立联系——"对我来说，你还只是一个小男孩，就像其他千万个小男孩一样。我不需要你。你也同样用不着我。对你来说，我也不过是一只狐狸，和其他千万只狐狸一样。但是，如果你驯服了我，我们就互相不可缺少了。对我来说，你就是世界上唯一的了；我对你来说，也是世界上唯一的了。""如果你要是驯服了我，我的生活就一定会是欢快的。我会辨认出一种与众不同的脚步声。其他的脚步声会使我躲到地下去，而你的脚步声就会像音乐一样让我从洞里走出来。再说，你看！你看到那边的麦田没有？我不吃面包，麦子对我来说，一点用也没有。我对麦田无动于衷。而这，真使人扫兴。但是，你有着金黄色的头发。那么，一旦你驯服了我，这就会十分美妙。麦子，是金黄色的，它就会使我想起你。而且，我甚至会喜欢那风吹麦浪的声音……"狐狸遗憾地对小王子说："现在的人们总是到商人那里去购买现成的东西，因为世界上还没有购买朋友的商店，所以人也就没有朋友。如果你想要一个朋友，那就驯服我吧！"于是，小王子开始学着如何投入时间和感情去与狐狸建立联系。慢慢地，小王子驯服了狐狸。当小王子要离开的时候，狐狸感到非常难过，它哭了，小王子说："这是你的过错，我本不想给你造成任何痛苦，但你却让我驯服你。"狐狸说自己虽然难过，但却得到了很多好处，如当风吹麦浪，那金黄色的麦浪让它觉得从此与众不同。

到现在为止，我最重要的友谊几乎都是在大学时代结交的，毕业离校时，宿舍六个同学去了不同的城市，除了我待在北京，其他同学分别去了深圳、昆明、西安、上海、合肥。在分别时，我们和狐狸一样，忍不住流泪，但我确实得到了很多好处。那些城市本来与我毫无关系，但是因为有建立联系的朋友，这些城市开始与众不同。当你提到西安，我首先想到的肯定不是兵马俑、不是大雁塔，而是那在我对面上铺的同学，我甚至永远记住了中国最长的县名——云南双江拉祜族佤族布朗族傣族自治县，因为有一个同学就来自那个地方。

### 三、彼此宽容、爱人如己

要想与人和睦相处，建立良好的人际关系，一个很重要的因素就是要有宽容的心，接受他人的缺陷和不足，所谓"海纳百川，有容乃大"。

每个人都喜欢和自己喜欢的人在一起，这是人之常情，但这种爱其实在很大程度是一种自私的爱，或者说是一种自恋。我们爱的其实只是自己投射在他人身上的影子，而如果这个影子在他人身上慢慢消失，你可能就失去对他的爱意。

中国现在的离婚率几乎是世界最高的国家之一。非常感恩的是，我们宿舍六个同学，婚姻还算比较稳固。当前，离婚的主力军可能是 22 至 35 岁人群，这代人的自主意识要比他们的前辈强得多，一见钟情，婚了；一怒之下，离了。大家都任凭情感的泛滥，当情感来袭，就结婚了；当情感消失，就离婚了。这种爱，更多的是一种自恋。很多人为了寻找爱情，在不同的情人中周旋探索，最后却是越来越觉得孤独。原因就在于，自恋的爱永远不能长久，任何一个人都无法达到你对他的全部预设。

一个可爱的人，人人都会爱他，但当他不再像以前那么可爱，你还爱他，并且愿意去发掘他的可爱之处，这可能就是真正的爱了，而要做到这一步，就必须有宽容的心。英文中有两个词语表示爱，一个词语叫作"love"，另一个词语叫作"charity"，前者是情感的爱，后者则是宽容的爱，今天的人们更多把爱认为是"love"，是情感的宣泄，但却忘了真正爱是"charity"，是宽容之爱，也就是仁爱。

有人说，这样太难了，不可能实现。但你有没有发现，其实每天你都在这样宽容地爱着一个人，不论这个人是好是坏，你都爱他。你也许会恨他所犯下的错误，但你依然还爱着这个人本身，而且我相信你会爱他一辈子，这个人就是你自己。不管我可能多么讨厌自己的自负、贪婪、胆怯，我仍然爱我自己。实际上，我恨这些东西正是因为我爱这个人，正因为爱自己，我才会为自己干出这种事情而难过。

我们常说爱人如己，既然你能够轻易原谅自己，那你也可以像爱自己一样去爱别人。己所不欲勿施于人，当你犯了错误，你希望他人原谅你，不希望别人不宽恕你，那当别人犯了错误，你是不是也应该去宽容他呢？

　　大学的宿舍生活其实就是一个很好的地方——操练宽容之爱的场所，宿舍的同学都有各自的偏好以及缺陷，如果你能慢慢地接受他的缺陷，你也就会慢慢地喜欢上他。我在大学时非常讨厌我上铺，因为他睡觉老是翻来覆去，还会打鼾，我不止一次在脑海中想象出针对他的种种"恶毒计划"，当然最后都没有实施。后来我慢慢地习惯了他，才发现他还是很可爱的，而且最后我发现其实我的鼾声才是全宿舍最大的，他为什么睡觉翻来覆去，正是因为我的鼾声干扰了他。

　　总之，去学会爱上有缺陷的对方，因为他和你一样不完美。处理好与舍友的关系，今后你也可以轻松地处理恋爱关系、工作关系等各种人际关系，这对你的一生都至关重要。

　　亲爱的同学们，愿你一生都拥有爱与被爱的能力。

# 致法学新人的第三封信：与德相随

《纳尼亚传奇》的作者 C. S. 路易斯说过，如果把人类想象成一队列队前行的舰队，那么船只之间不能互相碰撞，阻碍彼此的航道；另外，每艘船必须状态良好，能经风浪。前者就是人与人之间的关系，而后者就是自身的德行。

当前的中国，许多人都对现状不甚满意，无论穷人还是富豪，百姓还是官员，都有人牢骚满肚。不可否认，中国现在面临很多问题，但这些问题出在哪儿呢？有的人说在制度，有的人说在国民性，但很少有人说：在我！

是啊，如果船只破败不堪，根本无法行驶，教他们如何行驶，以免相互碰撞，又有什么意义呢？对于中国的问题，我们每个人都难辞其咎，正是我们的贪婪、自私、放纵、堕落、胆怯导致了这种种的问题。

我以前对这个社会也充满抱怨，但我现在发现抱怨于事无补，如果你想改变，就从改变自身开始，做一个有德行的人，正如蝴蝶翅膀的震动能够改变整个亚马孙地区的气候，每个人微小的善意必能影响这个社会。

在英国威斯特敏斯特大教堂有一块著名的墓碑，墓碑主人不详。这个教堂是英国最著名的大教堂之一，许多名人埋葬于此，如丘吉尔、莎士比亚、牛顿、狄更斯等，还有英国20多位前国王的墓碑。与这些人比起来，这块墓碑非常普通，但它却是名扬全球的一块著名墓碑，每一个看过这块碑文的人都深深地为之感动。

墓碑上，刻着这样的话：

当我年轻的时候，我的想象力从没有受过限制，我梦想改变这个世界。

当我成熟以后，我发现我不能够改变这个世界，我将目光缩短了些，决定只改变我的国家。

当我进入暮年以后，我发现我不能够改变我的国家，我的最后愿望仅仅是改变一下我的家庭。但是，这也不可能。

当我现在躺在床上，行将就木时，我突然意识到：如果一开始我仅仅去改变自己，然后作为一个榜样，我可能改变我的家庭；在家人的帮助和鼓励下，我可能为国家做一些事情。

然而，谁知道呢？我甚至可能改变这个世界！

要想改变世界，你必须从改变你自己开始。要想撬起世界，你必须把支点选在自己的心灵上。

我邀请大家，做一个有德行的人，从改变自己开始，改变这个社会。

有四种德行为文明人所认可，它们分别是谨慎、节制、公正、坚毅。

## 一、谨慎

谨慎就是在行动时要慎重考虑它的后果。冲动是魔鬼，做任何事情的时候不要过分冲动，要控制自己的情感，古语所谓三思而后行。做事慢几拍总比做了之后再后悔要强得多。

谨是言字旁，这其实就是提醒我们说话要慎重。繁体字的说（說）由"言"与"兑"组成，让我们在说话时要想想这句话能否兑现，能够兑现的言语才能说出来，所以不要轻易许诺，在许诺前要仔细想想，你能否兑现你的言语。繁体字非常美妙，每个字都是一个图画，都在教导我们做人的道理。比如和说搭配的听（聽），它要求我们听的时候要用耳朵、眼睛和心来聆听，这样你才能准确地理解他人的意思。而现在的人很少有愿意聆听别人，基本上在别人还没有说完话，就开始插话，于是在听别人说话成了在听自己说话，简体字的"听"似乎也反映了这种情况，听不再用耳朵，而用的是"口"，而且是根据对方的"斤"两来决定我到底听不听他的。

慎是心字旁，经慎重思考的才会是你真实意思的表示，所以慎字的组合，是"真心"。

非常有趣的是，繁体的言字旁有三横，谨慎的谨中有三横，慎中也有三横，这是不是也在提醒我们三思呢？

### 二、节制

现代社会是一个崇尚个体自由的时代。每个人都希望自己的自由，但我们的自由经常让我们不自由，一如卢梭所说"人生而自由，却无往不在枷锁之中"。

大部分人所理解的自由，就是随心所欲的自由，就像柳宗元的那首诗"破额山前碧玉流，骚人遥驻木兰舟。春风无限潇湘意，欲采蘋花不自由"。

但这种随心所欲的自由经常让我们不自由，因为一旦欲望满足，你又会渴望另一种新的欲望，在追求自由的过程中，你其实成了欲望的奴隶。赚多少钱会让你满意呢？再多一点；多少个点赞会让你舒服呢？再来一个。我越来越觉得，这种自由可能不是真正的自由。

比如抽烟，想抽什么烟就能抽什么烟，这是一种自由，但还有一种自由是有很多烟放在你面前，你可以抽但你愿意不抽。你想开什么车就开什么车，这是一种自由，但还有一种自由，是你有钱购买任何好车，但你不开，你宁愿去挤地铁，因为你发现很多人每天都在拥挤的地铁中，你愿意和他们同甘共苦。

有一个人叫作甘地，印度的圣雄，他经常坐火车出行，都坐的是三等座，以此观察民众的疾苦，有一次他刚上火车，一只鞋子掉落到铁轨旁，此时火车已经开动，鞋子无法再捡回来。于是甘地急忙把穿在脚上的另一只鞋子也脱下扔到第一只鞋子旁边。一位乘客不解地问他为什么这样做，甘地笑着说：这样一来，看到铁轨旁鞋子的穷人就能得到一双鞋子了。去英国访问时坐轮船的末等舱，连见英国女王也穿着自制的土布衣。大家觉得是甘地自由，还是华衣美食、出行必坐头等舱的人自由呢？

因此，自由其实是自我限制的自由，是可以节制的自由。

人有很多欲望，欲望本身没有错，但如果把任何一种欲望推向极限，作为自己人生的目标，那必然把你带向毁灭。我想特别提醒各位，要限制玩网络游戏的欲望，当然我不是说不能玩游戏，但一定要节制。时间是宝贵的，我们唯一可以支配的最宝贵的财富就是我们的时间，因此一定要把时间投入在最重要的事情上。沉溺于网络游戏，你可能很难适应真实的世界。

### 三、公正

法律最重要的价值就是追求公平和正义，也就是公正。当然，公正不仅仅是法庭的审理，它包括很多美好的价值，如诚实、正直、守信等。

### 四、坚毅

坚毅其实就是勇敢，它包括在危险时表现出的勇气和在挫折时不屈不挠的顽强。在泰坦尼克号沉没时，人们居然主动让妇女和儿童先走，人性的高贵在那时彰显无遗。在轮船倾覆之时，还能勇于面对死亡，这就是勇气。我并不期待各位有如此的勇气，我只是在想，当你面对被压伤的小悦悦，你有没有勇气把她送去医院？面对被撞伤的路人，即便有被讹诈的危险，你有没有勇气送他去医院？影片《敦刻尔克》让我最感动的就是普通民众的勇气。人生不会是一帆风顺的，每一天其实都像一场战斗，我们每天都需要勇气来笑对人生。

在挫折中的顽强刚才也有提过，我始终认为能够在挫折中勇敢地爬起来这才是真正的强者。南京有人申请去美国的签证，被拒签，结果从18楼跳下来。每年在大学校园中也都有人选择了跳楼这种惨烈的结束生命的方式，理由多种多样。我常想，连死亡你都不怕，那你为什么会害怕生呢？

最后，我想以马丁·路德·金的话结束这封冗长的信件。

他说：我们必须接受失望，因为失望是有限的，但我们永远不能放弃希望，因为希望是无限的。

# 心怀永恒　活在当下

　　世间万物，唯有人有时间概念。只有人会庆祝新年，总结过往；只有人会发出感慨，时间到哪儿去了呢？也只有人会悲叹，人生短暂，譬如朝露，转眼成空，我们便如飞而去。

　　时间是什么？

　　据说有人曾问奥古斯丁这个问题。

　　奥古斯丁回答道："你不问我，我本来知道它是什么；你问我，我倒觉得茫然了。"

　　迄今为止，人类对于时间大致有两种对立的观点。

　　一种观点认为时间是循环的，它是一个封闭的环形，一圈一圈，周而复始，无始无终。在这样一种时间概念中，没有什么时刻特别，时间永远都是一样的。对于时间，无所谓珍惜与浪费，时间如环无端，历史没有意义。跳出时间的闭路循环，人生方有大的解脱。这种对时间的态度在相当程度上是冷漠甚至充满敌意的，在某种意义上它完全消解了时间这个概念。

另一种观点则认为时间是线性的，有始有终。因此，时间的意义是非凡的，有许多特定的时间点都具有特定的意义，历史并不是虚无的。

当人们庆祝新年，显然受到的是第二种时间观念的影响。

在这种时间观念中，有两个时间点对于每个个体都具有特殊的意义：一是作为终点的永恒，二是作为现在的当下。

现在是触及永恒的那一瞬间，在永恒的视野中，我们才能明白每个当下的意义之所在。用奥古斯丁的话来说，过去是通过记忆而存在于我们的心中，将来则是通过已经存在而能看见的东西预言得到的。因此，"说时间分过去、现在和将来三类是不确当的。或许说，时间分过去的现在、现在的现在和将来的现在三类，比较确当"。而这三种"现在"，都要经过我们当下的意识。

换言之，只有聚焦于永恒，现在才具有存在的意义。

但是，永恒这个概念是人的理性很难理解的，许多人因为它的不可理解，所以抛弃了永恒这个概念，以至于"被永远流放在时间里"（海德格尔语），时间没有指向的目标，人也就失去了当下存在的意义。虚无感如荒原的野草在每个人的心中蔓延，野火烧不尽，春风吹又生。

当人们抛弃了永恒，但又希望获得现在存在的意义，于是就创造了未来这个概念。但未来只是永恒的赝品，它依然指向无尽的虚空，因此也就永远无法让人真正抵抗内心的虚无与焦虑。

C. S. 路易斯告诉我们："几乎一切罪恶都扎根于未来。感恩是在回顾过去，爱着眼于现在，恐惧、贪财、色欲和野心在眺望着未来。"每一个人都被未来这个赝品压得喘不过气，他们饱受未来的折磨，对未来充满忧虑，"把信心建立在一些计划的成败上面，而这些计划的结局可能是他们有生之年无法看到的。他们终其一生在追寻一些海市蜃楼，在当下永远不诚实，永远不良善，永远不快乐，只把现在赋予自己的一切真实恩赐充作燃料，堆积在为未来而设的祭坛上"。

《功夫熊猫》中有一句台词：昨天是历史，明天还是未知，但今天是礼物，所以今天才叫"present"。

我们都在借来的时间中生活，每个当下都是一个礼物。愿我们充分地利用这个礼物，让每个当下都释放永恒的光芒。

时间指向永恒，因此生活于时间之中的男男女女，也都具有永恒的意义。C. S. 路易斯说："不存在普通人，我们嬉笑、共事、结婚、冷落、剥削的对象都是不朽的人。"每个不朽的个体也就超越一切必朽的文化与国族的价值。

愿你我心怀永恒，活在当下，爱你身边每个不朽的人。

# 不破楼兰终不还

## ——写于司考放榜日①

司考放榜日，有人欢喜有人忧。

通过的幸运儿——姑且称你为"过儿"吧，我们祝贺你。

通过司法资格考试，这只是你法治征途的第一步。纸上得来终觉浅，理论与实践，往往存在一个巨大的鸿沟，只有足够的智慧才能带你飞跃鸿沟。

每一个具体的个案，都比你考试所面临的案件要复杂千倍，错综复杂的司法环境，让每一次对法治初心的坚守都成为挑战。

愿你有神雕大侠的韧性，不要轻言放弃；愿你对法治的爱慕如同"过儿"对于"小龙女"的爱，至死不休。

甚愿你有法律人的温度，对民众的疾苦感同身受，或为侠之大者，为国为民；或为侠之小者，为友为邻。无论如何都要谨记，法律人永远不能背弃朴素的道德良知。

---

① 国家统一司法考试已于 2018 年调整为国家统一法律职业资格考试。

圣雄甘地说，有七样东西能够毁灭人类，其中之一就是没有是非观念的知识。1942年1月20日，柏林郊区，万湖别墅，漫天飞雪，第三帝国的最高级别官员召开了一场会议，史称"万湖会议"。在这场会议中，纳粹出台了针对犹太人的"最终解决方法"，与会者制定了一个详细的各国屠杀犹太人的分配清单，德国人以其特有的理性和严谨在这座风景秀美的别墅中勾圈划点，精心策划，分配指标，杀人居然精确到个数。与会的很多人拥有博士学位，而且大部分是法学博士。会议持续了90分钟，最终导致600万犹太人的生命终结。

作为法律人，我们接受了太多技术主义训练，拥有很多的法律知识。但是，如果没有良知的约束，法律技术主义比法盲更可怕，这种技术主义唯权力马首是瞻，为权力的需要提供各种学说，各种精致的论证，充分奉行领导的看法就是"根本大法"。马克斯·韦伯早就预见了这一切，在《新教伦理与资本主义精神》的结尾，他发出了先知般的预言："纵欲者没有心肝，专家没有灵魂"，这不幸成了事实。如果你立志以法律为业，愿你知道应当将灵魂安放何处。

在法治的征途中，有时你会备感绝望。当你如"过儿"一般，站在悬崖之巅，万念俱灰，飞身一跃，但不料"小龙女"就在山下。

绝望之后是希望！

暂时落榜的朋友，我能体会你的心情，与你感同身受。

但是，人生本是希望与失望的综合体，失望是有限的，希望却是无限的。春夏秋冬，四季变迁，春有春的妩媚，夏有夏的热情，秋有秋的丰硕，冬有冬的肃穆，每人都有各自的季节，每个季节都有不同的特点，各有各的精彩，不要与他人比较，因为季节不同。"凡事都有定期，天下万物都有定时。"每个人都有属于自己的剧本，演好自己的剧本，不自怜、不自夸，方能不负此生。

愿你悲伤之后，收拾好心情，重新上路。

在法治的征途中，我们更会遇到无数的挫折，但挫折反而给我们前行的动力，让我们期待收获的欢愉。不要忘记聂树斌案，长达 21 年的"拉锯"，无数法律人在挫折中坚守，最终沉冤得雪；不要忘记陈满案，23 年一路曲折，数代法律人的正义接力，冤屈最终得洗……

暂时的失利是让你预尝法治之路的不易，也是预备你去承担更大的使命，艰难困苦，玉汝于成，日拱一卒，功不唐捐。

黑暗之后是光明！

你我都被一只无形的大手抛进了法治的熔炉，要成为中国法治建设的血液，让这个国家在法治中走向真正的复兴。

当前，我们最要警惕的是传统的法家之术披着法治外衣"借尸还魂"。

法治与法家，一字之差，却谬之千里。正如八角是烹饪的常用调味品，莽草貌似八角，却有剧毒。

法治永远的命题是对权力的高度警惕，而法家的本质则是对权力的极端崇拜。法家好重刑，严刑峻法，残酷寡恩，好大喜功，急功近利，为达目的可以不择手段。因此，"法律"只是权力的工具，权力永远在"法律"之上。但法治却拒绝一蹴而就的高歌猛进，它本着对权力深深地不信任，认为一切权力都要受到法律严格的约束，为了公义宁可牺牲效率。

无论你是今岁的"过儿"，还是来年的"过儿"，愿你都能慎思明辨，清楚法治与法家的区别，做法治之勇士，而非法家的奴婢。

愿法治成为你尘世中的使命，在使命中获得真正存在的意义。

黄沙百战穿金甲，不破楼兰终不还。

# 我们一生都走在回家的路上

很多人都会选择回家过年，这个时候，人们谈论最多的话题就是"抢票"。对于每一个抢票者，他都能体会什么叫作"秒杀"，几秒钟之内，几乎所有的火车票一抢而光。每年的春运，应该都是当年地球上最庞大的人类迁徙。

过年回家，对于中国人而言，几乎是天经地义的。我们对于回家有种近乎宗教执着的情感。历尽千辛万苦，我们只有一个目的，那就是回家过年。

我们想念家乡，因为我们认为，家乡能让我们疲倦的身心得到休息，能让漂泊的心灵停泊靠岸，能够享受久违的亲情，能够重温年少时的单纯美好。总之，家乡是一个美丽温暖的地方，是一个让我们牵肠挂肚的地方，在那里，有我们美好的记忆，有我们爱的和爱我们的亲人。

然而，想象中的家乡与现实的家乡并不一样。当你回到家乡，你会发现它远没有你想象中那么美好，无数曾经魂牵梦萦的旧地，在你重游之时，你会发现也不过如此，美好的感觉不过自欺欺人。回家本来是想放松休息、享受亲情，无奈各种人情往来、聚会应酬，各种炫耀攀比，甚至与亲人的矛盾冲突，都会让你大失所望。

很多人历经辛劳回到家乡，却又希望马上能够离开。我们带着盼望而去，却往往带着遗憾离开。我们本想家乡能够舒缓我们的压力，却不料家乡给我们带来了更大的压力。

**何时，我们才能回到真正的家乡？**

人们对家乡的爱慕也许只是人类对完满期待的一种投射，这种完满的期待激荡着我们的灵魂。我们因着未达完满而有着一种深深的漂泊感。这种漂泊感让我们一生躁动不安。每个人都有对无限完满的期待，但世上一切都是有限的，这种期待与现实之间的张力是人生中一个莫大的冲突。

"身世浮沉雨打萍"，每一个未达完满之地的漂泊者都有这种或那种凄苦的体会，如浮萍一般，没有归宿。有人会不停地追名逐利，换来的却是无尽的空虚；有人会用爱情来证明人生的意义，甚至不停地更换爱的对象，换来的却是对爱情的绝望；有人会放下一切，试图通过旅游"暴走"、感悟自然来寻找灵魂的归宿，但最终发现——自己永远在路上。

只有当你真正经验到某种莫名的完满时刻，那种满足与喜乐的充盈会让你心如止水。

那么，如何来叙述这种完满的时刻呢？这似乎是无法言说的。

查尔斯·泰勒在其恢宏巨著《世俗时代》中告诉我们：也许存在这样的时刻，当那些看似就要把我们拖垮的深度分歧、困惑、担忧和悲伤不知怎么就消解了，或达成一致了，我们因此感到统一，感到向前推进，突然变得干劲十足和充满活力。我们最高远的志向和我们的生活活力以某种方式得以协调一致——

对于大多数人而言，我们放弃了对完满之地的向往，因为我们愿意在别处寻找到生活的意义，如"促进我们日常幸福的事情，以各种方式让人充实的事情，或者对我们以为是善的事物有所贡献的事情"。① 当然，最好是三者兼有，比如：我们努力去和家人快乐地生活在一起，同时从事一个令我们感到满意的职业，而且这职业明显对人类的福祉有所贡献。

但是，我们依然不满足，我们仍然想回家。因为，那种对完满之地的期待如同磁极一样吸引着我们内心的磁针，如果不聚焦于斯，我们始终会有一种被放逐的感觉，我们在别处寻找到的意义终会让我们感到一种深深的厌倦。

甚至是怠惰（acedia），其表现是"无所信，无所爱，无

---

① ［加］查尔斯·泰勒：《世俗时代》，张容南等译，上海三联书店2016年版，导言第8~10页。

所恨，无所追寻，生无所求，仍旧活着的原因是因为死亦无所求"。（多萝西·塞耶斯语）怠惰是"空虚灵魂之罪"，它最擅长的形式就是用风风火火的身体行动来自我粉饰。

我们用忙碌来对抗我们虚无的怠惰，虽然我们知道这只是自欺欺人，忙碌本身就是心死（心亡）的表现。

# 今天是艰难的，但也是精彩的

我们时常生活在恐惧之中。对于明天，我们充满着恐惧。我们害怕明天生意失败，事业不顺，考试失利，提拔无望，计划落空空欢喜。我们害怕明天的种种不可预料。

我们尽一切所能来对抗明天的不确定。尽可能地赚钱，提升自己的地位，储备知识，积累人脉，来对抗这种不确定的人生。但是，越多的积累却催生出更多的恐惧，我们越来越害怕失去已经拥有的一切。我们陷入一种深深的自欺，那就是用表面的"强大"来掩盖自己有限、脆弱与无奈的本相。

然而，我们是绝对依赖的物种，我们不可能仅靠着自己就获得生存，这种绝对的依赖感是我们的本相，也是很多人一生与之相随的恐惧感的来源。因此，人只有承认并接受自己的本相，才能除去自欺所带来的恐惧。我们必须接受这样一个事实，那就是没有人能活在确定性之中，对人生而言，我们唯一能确定的就是不确定的人生。

富兰克林·罗斯福告诫人们："我们唯一感到恐惧的就

是恐惧本身，这种难以名状、失去理智和毫无道理的恐惧，麻痹人的意志，使人们不去进行必要的努力，它把人转退为进所需的种种努力化为泡影。"

我的家乡话把"今天"说成"艰日"，这也许是一种智慧：今天是艰难的。

那么，明天会更好吗？

不一定。

对很多人而言，寄希望于明天会更好只会让希望一次一次地破灭，从而走向彻底的虚无主义。

我们无法控制明天，我们只能努力地活好今天。人越专注于明天，就越害怕明天，以致对现在感到困惑和失去动力。

我们来到这个世界并非我们所愿，因此我们必须学会接受每天无法预料的挑战。生活并不容易，每天往往都很艰难。童话中王子和公主幸福地生活在一起，但这种幸福一定饱含着汗水和泪水。

普通话中的"今"和"精彩"的"精"有着相似发音（我们湖南人从不区分前鼻音后鼻音），这提醒我，今天是艰难的，但同时也是精彩的。

阿西西的方济各告诉我们：不要活在所有的事情都能事先安排好的幻觉里。最重要的事常常在没有令人焦虑的计划中不期而至。①

人生就是一个故事，我们每天都在创造一个新的故事，这个故事不可能都是喜剧，也不可能都是悲剧，它是正剧，有悲有喜。

如果我们能够学着像方济各一样活在一种愉悦的召唤之中，那么我们一定能够超越我们今天的艰难，让每天活出精彩。

接受我们的有限，去迎接未知的无限。让每个今天都能听到永恒的回声，从而心存真正的盼望，活在当下，做好每天当做的事情。

今日是艰难的，但也是精彩的。

---

① 〔英〕G. K. 切斯特顿：《方济各传　阿奎那传》，王雪迎译，生活·读书·新知三联书店 2016 年版，导言第 10 页。

# 为了告别的聚会

## ——致本书的读者

在本书的最后应当向读者告别，但我却不知该写些什么。

不由想起米兰·昆德拉的一本小说——《为了告别的聚会》，似乎有些应景。作为法律人，也许有一天，我们能以法治的名义相聚一堂，然后匆匆而别。

生活中充满了类似的矛盾，以至于荒诞。

为了分手的恋爱，为了仇恨的友谊，为了痛苦的欢愉，不一而足。

小说以苏联入侵布拉格为政治背景，讲了小号手、美国商人、疗养院护士和获释囚徒等 8 个人物的爱情故事，探讨了人们生活中的矛盾与困境。

居住在首都的著名小号手克利马在妻子生日的前一日接到了温泉小镇疗养院护士茹泽娜的电话，茹泽娜告诉他自己怀孕了。两个月前克利马去小镇演出，他们有过一夜风流。

克利马不确定孩子是否是他的，茹泽娜其实也不确定，小镇青年弗兰克疯狂地追求着她，他们也有肉体关系。茹泽娜知道，如果选择弗兰克，那么她一生都无法走出小镇，但是如果选择克利马，她就能够飞出这个令人压抑的小城。茹泽娜在心里说服自己，孩子就是克利马的，以至于她对此坚信不疑。

克利马非常恐惧，虽然他不确定孩子是否是他的，但他担心美丽善妒的妻子发现，于是驱车前往小镇，想极力劝说茹泽娜把孩子打掉。

克利马想找人商量此事，他想到了美国商人巴特里弗。除了这个美国人，他在小镇不认识其他任何人。

巴特里弗是情场老手，他喜欢谈论"圣徒"的话题。他不拒绝任何一位投怀送抱的女性，因为他害怕会伤及她们的尊严，"博爱"让他感到自己无比崇高。

巴特里弗告诉克利马，诱惑一个女人是最笨的傻瓜都做得到的，但是必须善于了结，这就看一个成熟男人的本事了。他建议克利马以"爱情"感化茹泽娜，引诱她自己去打胎。

巴特里弗把妇科大夫斯克雷托介绍给了他。斯克雷托负责治疗不孕不育，同时也是堕胎事务责任委员会的主席，负责批准堕胎的申请。斯克雷托是业余的音乐爱好者，所以克利马答应和他一起开个音乐会。

斯克雷托的朋友雅库布即将移民美国，来到小镇向老友斯克雷托大夫告别，同时也向养女奥尔加道别。奥尔加是雅库布一位老朋友的女儿，她的父亲在她 7 岁的时候被处死，后来被平反。奥尔加向雅库布追问父亲的案情。雅库布告诉她，有时受迫害者并不比迫害者更高贵。事实上，正是奥尔加的父亲把好友雅库布送进了监狱，但后来迫害者又成为被迫害者。奥尔加知道自己不过是雅库布向众人展现自己崇高的一件展品。

雅库布出狱之后，一直随身带着一粒毒药，以备险境时自行结束生命。这粒药片他随身携带了 15 年。雅库布认为，人们有权决定自己的死亡，这样人就可以活得从容。雅库布想在离开祖国之前把药片还给当年冒险为他配制药片的斯克雷托。

斯克雷托厌恶雅库布从事的政治生活，在他看来，自己的工作才是最有意义的。他所思考的问题是：人类生产出难以置信的大量白痴。越是蠢笨的人就越喜欢繁殖，那些较优秀的人至多生一个孩子甚至不愿意生产。他梦想有一个世界，大家都是同父的兄弟。

斯克雷托治疗不孕症的一个"绝招"，就是把自己的精液注射到患者的子宫。小镇里许多孩子都长得像他，都拥有他招牌式的大鼻子。

斯克雷托一直想成为巴特里弗的养子，获得美国国籍，从而环游世界。巴特里弗不能生育，他的太太也是斯克雷托的患者，在医生的治疗下生下一子。这个孩子也拥有一个大鼻子。

雅库布误把毒药放在茹泽娜每日服用的药瓶中，雅库布有想过告诉茹泽娜，但他最终选择了放弃。

在音乐会召开的那晚，克利马的妻子凯米蕾前来追查外遇，但却发现自己根本不爱丈夫，嫉妒症不治而愈。巴特里弗"博爱"之心泛滥，以他惯有的"崇高"勾引了茹泽娜。茹泽娜发现自己并不是二中选一，还有巴特里弗这个更有前途的选项。她完全没有必要用孩子要挟克利马，所以她同意堕胎。

克利马以孩子父亲的名义陪同茹泽娜前往堕胎事务责任委员会办理堕胎申请，申请毫无悬念获批。

气急败坏的弗兰克赶来寻找茹泽娜，他一直觉得孩子是自己的，他希望茹泽娜留下孩子。在争吵中，茹泽娜吞下了自己每日服用的"保胎药片"，她倒在了地上。

除了深爱着茹泽娜的弗兰克，故事中所有的人都获得了解脱，且在精神上获得了崇高感。

克利马和妻子踏上了回首都的行程，此刻他感觉自己是如此深爱着美丽的妻子。在人们的口中，克利马不仅是一位伟大的音乐家，更是一位道德高尚的巨人。为了拯救一位平凡的护士，他不惜牺牲自己的名誉，装成孩子的父亲，陪同茹泽娜去申请堕胎。

巴特里弗更是为自己所感动，毕竟在这个可怜女人最后一夜，他真正地爱过她，让她有过一次美好的经历，让她感受到了幸福。

斯克雷托也如愿以偿地成为巴特里弗的养子，他和他有着大鼻子的兄弟见面了。

人们又可以一如既往地轻松生活。

小说源于生活，生活原本荒诞。

身为法律人的你我很多时候都处于荒诞之中。

没有拘束的自由，无视真相的虚伪，放弃责任的轻松，让小说可能成为现实。

但我希望这不会成为法律人长久的现实。

小说中所有的人物都向往着一种没有拘束的自由。这种自由会把人带向奴役与毁灭。如果人不愿接受任何的限制，自由会把人带向彻底的虚无。当人随心所欲，无法预知自己下一刻会如何抉择，这种自由会让人无比苦恼。人们会想逃避自己的自由，但却无法逃避，因为我们是自由的。茹泽娜不愿接受小城生活的命运，她想开启另外一种可能，她有这个自由，有很多开放的选项。

雅库布选择放弃阻止，放任茹泽娜的死亡，因为逃避责任本身也是一种自由选择。

古希腊哲学家爱比荷泰德说："我们登上并非我们所选择的舞台，演绎并非我们所选择的剧本。"对于现代人而言，这种哲学简直愚昧。我们为什么不能按照自己所选择的剧本来生活，为什么要接受给定的剧本？

然而，历史一再告诉我们，当道德约束一旦松弛，每个人都成为自由的离子状态，社会秩序大乱，人们也就会甘心献上自己的一切自由，接受权力专断所带来的秩序与安全，自由会彻底地走向它的反面。

小说中大多数人都戴着面具在生活，虚伪是现代人的瘟疫。

在这样一个冷漠的时代，我们用面具将彼此隔离，我们每天都在表演，每人都是"影帝"。我们希望被理解、被关心、被接纳，但是我们又不愿意脱去自己的伪装，因为我们害怕被伤害。

叔本华说：人们就像刺猬一样，分离时觉得孤独，合在一起又互相扎人。

没有人愿意首先卸下自己的伪装，脱下自己的"刺猬皮"，接受被他人伤害的危险。

我们在一次又一次的肉体放纵中寻找爱与被爱，但最后疲倦失望，伤痕累累，以至于戴上更多的面具，披上"刺猬皮"。

伪善的人最喜欢空谈崇高的话题。他们活在崇高的理念之下，用这种理念逃避对具体个体的责任，为自己的虚伪披上神圣的外袍。

小说中克利马为自己习惯性的出轨寻找理由，认为他越是出轨，越是感受到妻子的可爱。

"一旦我占有了她，一种有弹性的力量会突然又把我弹回到（妻子）凯米蕾身边，有时我感到我追求这些女人，仅仅是为了弹回到妻子身边时那美妙的一瞬（这一瞬充满温柔、渴望和谦卑），随着每一次新的不忠，我反而越来越爱她了。"

正是这种没有拘束的自由和无视真相的虚伪，让我们变得异常轻松，因为一切责任都被消解。

我们如此爱好自由，向往抽象的崇高，所以我们无须对任何具体的个人承担责任。

制度化的平庸的恶让我们越来越麻木，越来越无所忌惮，因为我们永远有"正当"的辩解理由——

看守所中有久押未决的嫌犯，无所谓，既然法律规定了两年多的合理羁押期限，就算是在审限的最后一天办理，我依然在按照法律办理。

亲爱的读者，我很害怕你们越来越习惯荒诞，以至于愤世嫉俗，玩世不恭，游戏人生，甚至为荒诞助力，真心地融入荒诞，与荒诞成为一体，吞噬着残存的真实。

不要绝望，不要灰心，也不要自欺。

荒诞不可能是世界的本相，因为这在逻辑上说不通。如果荒诞是本相，那么真实就是不存在的。如果不存在真实的对照，荒诞本身也就无法存在。

你我都是真实的血肉之躯，不可能是虚无的幻象。

不要因为行动与言论有不一之处就轻言放弃。只要你不是持续的故意言行不一，就不要给自己贴上"虚伪"的标签。如果我们所有的话语都必须与言论相符，那我们一生只能沉默。只要我们的行为与我们的言语相比更有说服力，我们就跳出了虚伪的牢笼。

更重要的是，不要陷在自欺之中。

在荒诞的社会中，甚愿你有真实生活的勇气。

你也许无法像揭开皇帝新装的少年那么勇敢，但你至少可以在心里为他点赞喝彩。

一丝真实的光亮足以对抗整个时代的荒诞。

真实的生活意味着我们承认自己的有限、浅薄和虚荣。

**我们是有限的，因此我们无需伪装强大。**你无需用头衔、名利、车房来证明自己，无需在若干年后的同学聚会中用华丽的优越来掩饰灵魂的虚弱。

做好你的本分，你就是在超越你的有限。

你会成为一个丈夫（妻子），一个父（母）亲，一个职员，这就是你荣耀的哨岗。

特蕾莎修女说：我们无法成为一个伟大的人，但我们可以用伟大的爱做细微的事情。

凡事尽好本分，你就已经超凡脱俗。

**我们是浅薄的，所以无需伪装智者。**苏格拉底说，承认自己的无知乃是开启智慧的大门。正因为我们的浅薄，所以我们一生都要有学习的动力。当我们站在巨人的肩膀上看得更高更远，我们仰望无尽的天空，就会越发感到自己的无知，从而更多地寻求智慧。

**我们最大的风险在于我们很容易忽视虚荣的本性。**

人在追求美善的同时很容易出现一种负斜率，那就是因着这种追求让我们陷入新的自恋。

昆德拉讲过一个故事：有个人在海边，看到世界是那么美好，落日辉煌，他感动得流下了第一滴泪。接着他被自己流出的第一泪感动，流出了第二滴眼泪。他感动于自己的感动——我居然如此与众不凡，远超庸俗的众人，可以因落日余晖而感动。

我们很容易陷入第二滴眼泪的试探。

**虚荣会再一次将我们带进荒诞的深渊。**

亲爱的读者，若干年后，当青春年少成为"中年油腻"，愿你依然能够从容面对那时青春少年的清澈目光。

图书在版编目（CIP）数据

圆圈正义：作为自由前提的信念／罗翔著．—北京：中国法制出版社，2019.8（2022.12重印）
ISBN 978 - 7 - 5216 - 0377 - 4

Ⅰ.①圆… Ⅱ.①罗… Ⅲ.①法律 - 文化 - 文集 Ⅳ.①D909 - 53

中国版本图书馆 CIP 数据核字（2019）第 149821 号

责任编辑：王　熹（wx2015hi@ sina. com）　　　　　封面设计：周黎明

**圆圈正义：作为自由前提的信念**
YUANQUAN ZHENGYI：ZUOWEI ZIYOU QIANTI DE XINNIAN

著者/罗翔
经销/新华书店
印刷/保定市中画美凯印刷有限公司

开本/880 毫米×1230 毫米　32 开　　　　印张/ 10　字数/ 132 千
版次/2019 年 8 月第 1 版　　　　　　　2022 年12月第 59 次印刷

中国法制出版社出版
书号 ISBN 978 - 7 - 5216 - 0377 - 4　　　　　　　定价：46.00 元

北京市西城区西便门西里甲 16 号西便门办公区
邮政编码：100053　　　　　　　　　　传真：010 - 63141600
网址：http：//www. zgfzs. com　　　　编辑部电话：010 - 63141795
市场营销部电话：010 - 63141612　　印务部电话：010 - 63141606

（如有印装质量问题，请与本社印务部联系。）